Maria Wedeking und Irmgard Kurz

Schätze vom Dachboden

Alte Sachen – für Haus und Garten neu entdecken, aufarbeiten und dekorieren

Landwirtschafts**verlag** GmbH
Münster-Hiltrup

Inhalt

»Schätze vom Dachboden« – oft werden sie als solche nicht erkannt und führen ein »verstaubtes Dasein« in vergessenen Ecken. Ihr wahrer Wert kommt erst mit einigen guten Ideen und etwas Einsatz zur Geltung, dann aber werden sie zu Schätzen, die individuell, einmalig und wirklich schön sind.

Wir wollten deshalb alte Sachen ohne großen finanziellen Aufwand aufpeppen und ausgedienten Dingen noch eine Chance zu geben und waren nicht selten selbst positiv überrascht, wie schön doch manch müllreifer Gegenstand aufgearbeitet, umdekoriert und umfunktioniert werden kann.

Wir haben viele Dinge aus unserem persönlichen Umfeld zusammengetragen und überlegt, was man damit noch anfangen könnte. Einige dieser Sachen finden sich bestimmt auch auf Ihrem Dachboden, in Keller, Werkstatt oder Scheune wieder. Vielleicht lassen Sie sich inspirieren, entwickeln selbst neue Ideen oder greifen unsere auf und probieren es einfach selbst einmal.

An dieser Stelle möchten wir all denjenigen danken, die uns in vielfältiger Weise – mit Rat und Tat, mit freundlicher Unterstützung oder mit vollem Einsatz – bei der Erstellung dieses Buches geholfen haben.

Ihnen, den Leserinnen und Lesern, wünschen wir: Frohes Schaffen und gutes Gelingen!

Maria Wedeking und Irmgard Kurz

Irmgard Kurz und Maria Wedeking

Alte Möbel und Gebrauchsgegenstände

Alte Möbel und Gebrauchsgegenstände

Den Wert alter Möbel weiß heute eigentlich jeder zu schätzen. Die Zeiten, in denen alte Eichenschränke verkauft oder sogar verbrannt wurden, gehören glücklicherweise der Vergangenheit an. Wir wollen uns jedoch auf die eher untypische Verwendung von alten Möbeln oder Möbelteilen konzentrieren. Denn so manches Einzelteil wird zu einem beachtenswerten Blickfang in Ihrer Wohnung, wenn Sie nur die richtige Idee dafür haben. So wird beispielsweise ein Stuhl zur Bibliotheksleiter, ein kleiner Küchentisch zum Sekretär oder ein wirklich sperrmüllreifer Knechtschrank zur attraktiven Vitrine. Wir sind uns sicher, dass auch Sie noch wahre Schätze auf Ihrem Dachboden entdecken.

Die kleine Lehre des Restaurierens

Manchmal findet man alte Dinge – vergessen in den dunkelsten Ecken auf dem Dachboden oder auch im Keller, dementsprechend unansehnlich sind sie oft. Gerade Holz ist ein Werkstoff, an dem der Zahn der Zeit nagt. Staub, Dreck, Flecken, Holzwurm und andere Schädlinge, Fäulnis oder Abnutzung hinterlassen deutlich ihre Spuren und manchmal sind diese Dinge schlichtweg kaputt. Erst wenn man Hand anlegt, werden solche Möbel wieder gebrauchsfähig und schön. Restaurieren heißt allerdings nicht »neu machen«, sondern wiederherstellen und aufarbeiten, dabei verdient das Alter der Objekte höchsten Respekt.

Die erste Regel des Restaurierens lautet daher: Weniger ist mehr! Je schonender man vorgehen kann, desto besser ist es fürs Holz.

In manchen Fällen jedoch, wenn beispielsweise drei Schichten Ölfarbe die wahre Schönheit verdecken, muss man zu härteren Mitteln greifen, um die alte Pracht wieder zum Erblühen zu bringen.

Neben der Reinigung der Oberfläche ist natürlich auch das Ausbessern von Holzteilen ein wesentlicher Bestandteil des Restaurierens. Auch hier gilt: so wenig neue Holzteile wie möglich und nur so viele als nötig zur Ausbesserung verwenden oder ersetzen. Ist es aber unabdingbar, dann sollte das richtige Holz verwendet, der richtige Stil gefunden und etwas Einfühlungsvermögen und Liebe zum Detail hinzugefügt werden.

REGAL. Die alte und sehr steile Eichentreppe haben wir abgebeizt und anschließend aufgehellt. Aufgepasst: Man sollte Eiche nicht mit Wasserstoffperoxid, sondern mit Oxalsäure aufhellen, sonst gibt es einen hässlichen Farbton. Anschließend schleifen und einen passenden Ort zum Aufstellen finden.

Die Treppe lässt sich hervorragend in einem großen Raum, wie z. B. einem Hofladen, integrieren und mit Verkaufsartikeln bestücken.

Auch eine alte Holzleiter kann man in der Küche oder – wenn Platz ist – im Bad wunderbar als Handtuchhalter zum Trocknen verwenden. Noch ein alter Stuhl dazu oder eine alte Waschschüssel und der rustikale Touch ist abgerundet.

BEI FÄULNIS: Erst kommen Schimmel und Mehltau, dann Stock-flecken und schließlich wird das Holz weich und bröselig und bekommt ein pelziges Aussehen. Da hilft nur eins: sehr langsam (mehrere Wochen) in einem mäßig warmen, gut belüfteten Raum trocknen lassen. So festigen sich die Knochenleimverbindungen wieder und man kann das Objekt besser begutachten und im Notfall mit einem chemischen Mittel gegen Schimmel und Fäulnis vorgehen.

Werkzeug und Zubehör

Wir wollen an dieser Stelle nicht auf die gängigen Werkzeuge wie Hammer, Zangen, Sägen, Schraubzwingen oder Schraubendreher, sondern auf die weniger bekannten Utensilien eingehen.

Die ZIEHKLINGE aus federhartem Stahlblech, ist geschliffen und dient zum Abziehen der Holzoberfläche. So lassen sich z. B. Lack- und Wachsschichten auf dem Holz – wie der Name des Werkzeugs es schon sagt – abziehen. Das ist schonender als das maschinelle Schleifen der Oberflächen. Es gibt Ziehklingen in unterschiedlichen Formen für verschiedene Anwendungsbereiche: Die rechteckige Ziehklinge verwendet man auf geraden Flächen, ovale Klingen auf gerundeten und gedrechselten Holzteilen. Manchmal lohnt sich auch die Mühe, die Ziehklinge exakt dem Relief der abzuziehenden Leisten anzupassen und zu schleifen. Farbreste, die mit Ablaugen nicht entfernt werden konnten, lassen sich mit der Ziehklinge relativ gut entfernen.

SPIEGEL. Nicht nur Türen und Fenster lassen sich zu tollen Spiegeln umfunktionieren, auch ein schönes Betthaupt kann sich sehen lassen. Wir haben das Betthaupt abgebeizt, aufgehellt und geschliffen. Beim Aufhellen auf die Holzart achten! Dann zum Glaser bringen und einen Spiegel – am besten mit Facettenschliff – auf- oder einsetzen lassen. Man kann den Spiegel auch selbst aufkleben. Dafür gibt es im Baumarkt Spezial-Powerkleber für Glas und Spiegelflächen. Wird der Spiegel eingesetzt, befestigt man ihn mit Holzleisten.

NACHTSCHRÄNKE IM BAD. Wir haben die Nachtschränke nur mit Politur behandelt und so dunkel gelassen, wie sie waren. Man kann sie natürlich auch abbeizen und aufhellen, dann wirken sie wieder ganz anders.

Der HOBEL ist ein sehr altes und bekanntes Werkzeug. Er dient dazu, größere Unebenheiten zu beseitigen und die Holzoberfläche zu glätten. Es gibt Rauhobel mit einer langen Sohle oder Schlichthobel zum Glätten von sprödem Holz, außerdem Hirnholzhobel oder Schabhobel. Eines ist ihnen gemein: Das manuelle Hobeln erfordert einige Übung. Ein Bandschleifgerät ersetzt heute an vielen Stellen den traditionellen Hobel.

Mit STEMMEISEN, BEITEL und HOBEL werden gebrochene Holzverbindungen oder herausgerissene Scharniere ausgestemmt. Das Stemmeisen wird mit dem Schlag eines Hammers in das Holz getrieben und ist für die groben Arbeiten geeignet. Die Beitel oder auch Stecheisen werden für die Vertiefungen von Einsteckschlössern und zum Ausstechen von Zapfenlöchern verwendet. Wichtig ist, dass man beim Beiteln das Holz fest einspannt und auf den Verlauf der Holzfasern achtet, damit das Holz nicht unkontrolliert ausreißt oder absplittert. Bewährt hat es sich, den Bereich, den man ausstechen möchte, zu markieren. Dann arbeitet man von innen nach außen, d.h. man sticht mit dem Beitel in die Mitte und stemmt das Holz behutsam bis zur Außenlinie aus, immer gegen den Faserverlauf des Holzes.

RECHTS: KINDERHERD. **Wir haben ein Nachtschränkchen im Handumdrehen zu einem kleinen Kinderherd umfunktioniert: Als Herdplatten haben wir vier CD-Rohlinge aufgeklebt, auch aus schwarzem Moosgummi lassen sich schnell Platten ausschneiden und aufkleben. Als Drehknöpfe mussten die Holz-Korkstopfen von Grappaflaschen herhalten. Auf einen »kopflosen« Nagel gesteckt, lassen sie sich sogar drehen. An der Seite haben wir einige Haken für die Kochutensilien der kleinen Puppenmütter angebracht. Wer es richtig nobel mag, kann noch eine Rückwand mit echten Fliesen anbringen.**

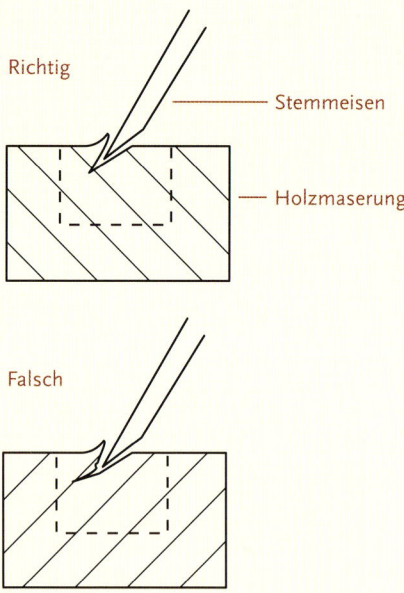

ABBILDUNGEN OBEN:
Beim Stemmen ist auf den Verlauf der Holzfaser zu achten. Das Stemmen gegen den Faserverlauf ist richtig, das Stemmen mit dem Faserverlauf ist hingegen falsch, da das Holz unkontrolliert ausreißen und absplittern kann.

SCHLACHTEBANK. **Selbst ganz rustikale Gebrauchsgegenstände lassen sich in Wohnräumen unter Umständen gut eingliedern. Wir haben die Schlachtebank abgebeizt, aufgehellt, geschliffen und ansonsten unbehandelt gelassen.**

WERKBANK. **Gerade im Eingangsbereich ist eine robuste Werkbank nicht nur ein schöner Blickfang, sondern bietet viel Ablagefläche für den Einkauf, als Geschenketisch und bei Feiern auch fürs Buffet oder die Cocktails.**

Holzschädlinge

Der Holzwurm ist die Larve des gewöhnlichen Nagekäfers – des Poch- oder auch Klopfkäfers. Seinen Namen hat der Käfer, weil man in stillen Nächten seine Arbeit im Holz – das Pochen und Klopfen – gut hören kann. Es wurde auch als das »Ticken der Totenuhr« bezeichnet.

Der Holzwurm bevorzugt weiches und zermürbtes Holz, man erkennt ihn besonders im Frühjahr an den Holzmehlspuren.

Es gibt im Handel verschiedene Mittel, die man auf die Oberfläche streicht oder auch in die Löcher spritzt. Dabei wird die Oberfläche nicht verändert.

Es gibt aber auch alte Hausrezepte, die wir Ihnen nicht vorenthalten wollen: Bei wenig Befall mischt man Essigessenz und Zitronensaft zu gleichen Teilen und streicht die Stellen damit ein. Man kann auch die Löcher mit Borsalzlösung befeuchten und dann mit Wachs versiegeln. Eine selbst gekochte Essenz gegen den Holzwurm besteht aus 1 Liter Wasser, der mit einer Hand voll Wermutblättern und zwei bis drei Knoblauchzehen auf die Hälfte eingekocht wird. Den Sud durch ein Leinentuch abseihen und eine halbe Hand voll Salz und eine halbe Tasse Essig hinzufügen. Man streicht das Holz mit dieser Mischung satt ein und lässt sie mehrere Tage einwirken.

Weil der Holzwurm temperaturanfällig und schon bei 30 °C nicht mehr lebensfähig ist, kann man Möbel theoretisch auch in den Backofen oder die Sauna stellen und auf 50 °C aufheizen.

Werden Holzgegenstände ohnehin abgebeizt oder abgelaugt, so reicht das in den meisten Fällen zum Abtöten des Holzwurmes aus. Vorbeugend gegen den Holzwurm wirken Duftsäckchen mit Lavendel, ein trockener, heller Stellplatz und die bekannten Mottenkugeln.

Restaurieren heißt nicht »neu machen«, sondern wiederherstellen und aufarbeiten. Das Alter der Objekte verdient dabei höchsten Respekt.

BILD OBEN: FRÜHLINGSMOLLE. Mollen lassen sich mit »Floralem«
aller Art dekorieren: Bepflanzt mit frischen Frühlingsblühern und
mit Moos ausgekleidet, sind sie ein absoluter Blickfang.

BILD RECHTS: WEIHNACHTSMOLLE. Zeitlos schön kann man eine
Molle mit Trocken- oder auch Seidenblumen je nach Jahreszeit
dekorieren. Wir haben eine Weihnachtmolle arrangiert und alle
Dekoartikel streng geometrisch angeordnet. Die Schlachtemolle
bietet aber so viele andere Möglichkeiten, dass Sie Ihrer Fantasie
freien Lauf lassen können.

SCHLACHTEMOLLEN.
Alte Mollen lassen sich äußerst vielseitig verwenden. Je nach
Größe passen sie wunderbar auf ein rustikales Buffet: als Brotkorb,
für Besteck, mit Alufolie ausgekleidet für frische Salatkomponenten
(die Soße getrennt dazugestellt) oder passend zur ursprünglichen
Nutzung mit Wurstsorten gefüllt.

Holzoberflächen reinigen und abbeizen

Zur Reinigung können je nach Verschmutzungsgrad ganz unterschiedliche Mittel eingesetzt werden. Allgemeine Verschmutzungen werden mit Holzseifenlösung und einem Schuss Salmiakgeist beseitigt. Speziell bei Eichenholz kann man auch warmes Bier zur einfachen Reinigung verwenden.

Erst wenn alle Maßnahmen nichts fruchten, kann man das Abbeizen als allerletztes Mittel in Erwägung ziehen, da es die Oberfläche sehr angreift und verändert.

In der nebenstehenden Tabelle sind die verschiedenen Reinigungsmittel für die entsprechenden Anwendungszwecke aufgeführt.

Erst seit etwa 1920 wurden Kunstharzlacke auf Nitrobasis eingesetzt, die bei Bedarf abgebeizt und/oder abgelaugt werden müssen. Vor 1920 – also bei den wertvolleren Antiquitäten – wurden wasser-, öl- oder spirituslösliche Farben verwendet, die sich oft auch mit Spiritus bzw. Alkohol oder Aceton entfernen lassen.

Zum Abbeizen werden im Handel methylenchloridhaltige Farblöser angeboten, die als Paste mit dem Pinsel aufgetragen werden. Nach einer Einwirkungszeit von 10 Minuten wirft die alte Farbe Blasen und löst sich. Dann kann man die Farbschicht vorsichtig – erst mit dem Spachtel und dann mit Stahlwolle – entfernen und anschließend mit einem benzingetränkten Lappen neutralisieren.

VORTEIL: Diese Pasten sind nicht ätzend, quellen das Holz nicht auf und verfärben es nicht. Man kann notfalls – z. B. bei Treppen – auch im Haus arbeiten und braucht kein Wasser wie beim Ablaugen.

NACHTEIL: Die Pasten sind relativ teuer, besonders wenn mehrere Farbschichten bestrichen werden müssen. Ist die Farbe ins Holz eingezogen, muss zusätzlich abgelaugt werden.

Die Alternative zu den Farblösern ist das Abbeizen mit Ätznatron. Hierzu werden 50 g Ätznatron (Natriumhydroxid) in 1 Liter warmem Wasser aufgelöst. Eine etwas weniger ätzende Lauge ist 50 g Soda (Natriumcarbonat) mit 10 g Schmierseife. Man sollte immer erst warmes Wasser in einen Eimer füllen und dann Soda oder Natron hinzufügen – nicht umgekehrt! Es entstehen ätzende Dämpfe und beim Wasserauffüllen hält man oft den Kopf darüber und kann sich so Augen, Nase und Mund verätzen. Bei Spritzern an Haut und Kleidung immer mit viel Wasser nachwaschen.

Utensilien zum Abbeizen und Nachbehandeln von Holzoberflächen: Abbeizer, Wasserstoffperoxid zum Aufhellen, Schmirgelpapier, Wachs und Firnis

Holz- und Oberflächen-Reiniger

Anwendungszweck	Mittel
Brandflecke, Tinte	10 %ige Zitronensäure, 5–6 %iger Haushaltsessig oder Natriumhypochlorit (Eau de Javelle), Oxalsäure
Fett, Öl, Teer, Wachs	Holzseifenlösung, Zelluloselackverdünnung, Magnesium mit Aceton
Rost, Eisenverfärbungen durch Beschläge	Oxalsäure: 20 g in 1 l heißem Wasser auflösen (Holzbleichpulver)
Gips, Kalk, Zement	38 %ige Salzsäure 1:10 wasserverdünnt
Ölfarbe, Firnis, Flecke	Ätznatron, Abbeizer, Kalium oder Natriumsalz (Wasserglas)

Zum Abbeizen mit Ätznatronlauge wird das Holz mit Hilfe einer Bürste benetzt.
ACHTUNG: **Immer Schutzkleidung tragen: Brille, Mundschutz und Handschuhe, Gummistiefel und Overall.**

EINE NATURPASTE ZUM LÖSEN VON LEIM UND ÖLFARBEN:
1 Teil Kaliumcarbonat, 2 Teile Waschpulver und 2 Teile Weizenmehl zu einem Brei verrühren und auftragen, einziehen lassen, abwaschen und nachbehandeln.

Haben die Handschuhe ein kleines Loch gehabt und sind deshalb die Fingernägel von der Lauge angegriffen, d.h. gelb geworden, kann man diese mit Zitrone oder Essig neutralisieren und aufhellen.

Mithilfe einer Bürste wird das Holz mit der scharfen Lauge benetzt. Dann bedarf es einer mehr oder weniger langen Einwirkungszeit. Der Lack löst sich, wird matt und weich und lässt sich mit einem Spachtel vorsichtig abtragen. Bei mehreren Lackschichten wird das Ablaugen so lange wiederholt, bis das Holz zum Vorschein kommt. Bei leicht löslichen Lacken kann es auch schon reichen, nur mit einer Bürste zu schrubben und mit viel Wasser (am besten mit dem Schlauch) die Lauge samt Farbresten abzuwaschen.

VORTEIL: Bei der Verwendung von Ätznatron hat man nur einen Arbeitsgang (bei Abbeizern muss man hinterher oft noch ablaugen), es werden auch Beizen gelöst und es ist billiger (Raiffeisen).

NACHTEIL: Erhöhter Schutz ist erforderlich, da es stark ätzend ist, Holzverfärbungen sind möglich, man verbraucht viel Wasser und muss die Lauge neutralisieren.

Vorsicht ist bei allen Intarsienarbeiten und Furnierholzteilen geboten, die werden nur mit Alkohol, Spiritus oder Aceton schonend gesäubert. Dabei lösen sich auch die Schellackpolituren. Leider löst sich auch Knochenleim in Alkohol. Davon sind insbesondere Intarsien betroffen. Aceton ist dann in der Verarbeitung günstiger, weil es schneller verdunstet. Ansonsten heißt die Devise: zügig arbeiten. Das gleiche gilt für furnierte Flächen.

Hartnäckige Farbreste können trocken mit der Ziehklinge oder einem anderen Feinwerkzeug entfernt werden. Das gilt vor allem für Zierleisten und gedrechselte Verzierungen.

Nach dem Laugen sollte man das Holz mit Essigessenz neutralisieren. Je nach Konzentration ist damit auch eine Aufhellung verbunden. Das gilt auch für Wasserstoffperoxid und Oxalsäure.

Rostige Scharniere und Beschläge kann man in Petroleum legen und mit Stahlwolle blank reiben.

Beim Bleichen muss auf die Holzart geachtet werden: Gerbstoffarme Hölzer wie Fichte, Ahorn, Birke, Buche oder Esche kann man mit 35%iger Wasserstoffperoxidlösung bleichen. Eiche dagegen ist gerbstoffhaltig und entweder nur mit wasserverdünntem Wasserstoffperoxid, besser aber mit Oxalsäure zu bleichen. Ansonsten bekommt Eiche einen ganz unnatürlichen, hässlich- hellen Holzton. Dunkel wird Eiche durch Salmiak.

Auch neue Massivholzmöbel aus Kiefer oder Fichte lassen sich mit Soda oder Ätznatron ablaugen und bekommen eine völlig neue Optik, wenn sie anschließend geölt werden. Dabei sollte man nur ganz kurz überlaugen und eine weiche Bürste verwenden, dann kann man sich das Schleifen sparen. Das Neutralisieren kann man vom gewünschten Farbton abhängig machen.

Vor der endgültigen Oberflächenbehandlung muss das Möbelstück langsam trocknen, da die Lauge und das Wasser das Holz aufquellen lassen. Deshalb ist auch Vorsicht mit scharfen Gegenständen geboten, die sofort Macken ins Holz machen. Darüber hinaus wird das Holz vom vielen Bürsten rau und spröde, es muss deshalb fein geschliffen werden. Hobel und Schleifpapier sind die manuelle Methode; wir finden, ein Bandschleifer erleichtert diese mühselige Arbeit enorm.

KRÄUTERRAD IM GARTEN. **Eine ausgefallene Idee ist, ein Kräuterrad anzulegen. Dazu haben wir ein besonders großes Wagenrad mit einem wetterfesten Außenlack versehen, damit das Holz nicht anfängt zu modern. In jedes Speichenabteil haben wir eine Kräutersorte gepflanzt und mit einem Tonstück beschriftet.**

WAGENRÄDER.

Alte Wagenräder sind Gegenstände, die man ganz oft noch auf den Bauernhöfen findet. Vielerorts hängen die Wagenräder als Deckenleuchten auf den Dielen.

WAGENRAD MIT FLORISTIK. **Die Idee, ein Wagen-rad mit einem Gesteck zu bestücken, ist nicht neu, aber immer noch eine Anregung wert. Wir haben uns für eine herbstliche Ausrichtung entschieden und auch die Dekoration rundherum darauf abgestimmt.**

RECHTS: WAGENRAD MIT KRANZ.

Ein kleines Wagenrad kann man wunderschön als Tischdekoration in den verschiedenen Jahres-zeiten verwenden. Dazu legt man einfach einen schön geschmückten Kranz auf das Rad, stellt in die Mitte ein Windlicht – fertig.

So ein Wagenrad lässt sich außerdem her-vorragend aufhängen, darauf ein Kranz, darunter einige Windlichter, das ist wenig Aufwand und starke Wirkung.

Wir haben das Rad weihnachtlich geschmückt, aber eine wunderschöne Sommerdekoration wäre beispielsweise ein Efeukranz mit Glaswindlichtern oder Marmeladengläsern.

Wenn es weniger rustikal sein soll, streichen Sie das Rad farbig an oder nehmen nur den Metall-rand und zaubern daraus ein Windlichtkarussell.

Kleinere Reparaturen

Manchmal lässt es sich nicht vermeiden, dass Holzteile erneuert werden müssen, damit der Gegenstand gebrauchstauglich wird. Wir wollen an dieser Stelle kurz einige Möglichkeiten verschiedener Holzverbindungen aufzeigen. Bevor man etwas erneuern kann, muss zunächst das Alte entfernt werden: Das Lösen verschiedener Holzverbindungen kann einige Probleme bereiten und manchmal lässt sich ein rigoroses Absägen nicht vermeiden. Knochenleim und moderne Kleber kann man vorab durch Injizieren von Aceton versuchen zu lösen.

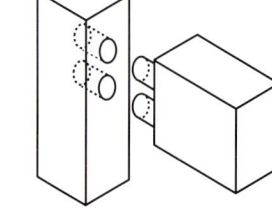

Dübelverbindung

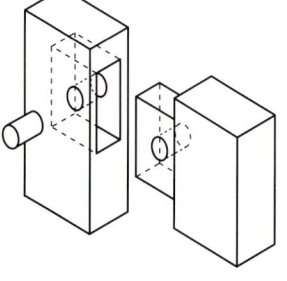

Verdübelte Zapfenverbindung

VERROSTETE NÄGEL LÖSEN: Richtig verrostete Nägel sitzen oft so fest im Holz, dass sie beim Rausziehen mit der Zange abbrechen oder das Holz sogar mit herausbricht. Rostlöser, noch besser ein Lötkolben, den Sie an das Metall halten, kann hier helfen: Das Metall dehnt sich aus, nach dem Erkalten zieht es sich wieder zusammen und Sie können Schrauben und Nägel besser lockern. Brechen sie trotzdem ab, kann man sie nur versenken oder mit dem Metallbohrer herausbohren und das Loch wieder schließen.

Anhand der Zeichnungen können Sie das Prinzip der verschiedenen Holzverbindungen nachvollziehen.

DÜBELVERBINDUNGEN: Wenn die Dübel nicht schon locker sind und sich herausziehen lassen, dann muss man sie durchsägen und die Reste herausbohren.

ZAPFVERBINDUNGEN und VERDÜBELTE ZAPFVERBINDUNGEN: Sie schlagen zuerst den Dübel heraus und versuchen dann, die Zapfenverbindung zu lösen. Ansonsten absägen und herausbohren.

ÜBERBLATTUNG und NUT- UND FEDERVERBINDUNGEN: Sie sind meistens geleimt und deshalb mit heißem Wasser gut lösbar.

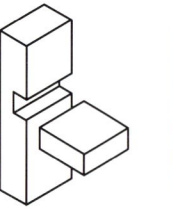
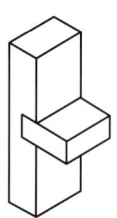
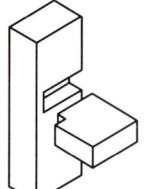
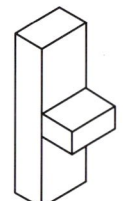

Nut- und Feder-Verbindungen

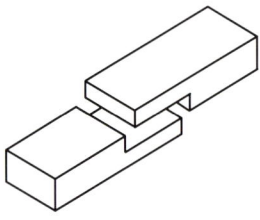

Gerade Plattung

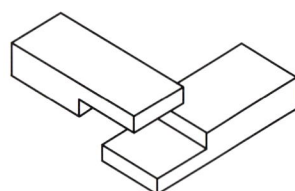

Eckplattung

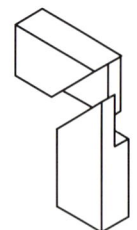

Überplattete Gehrung

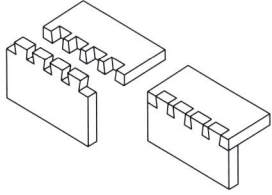

1

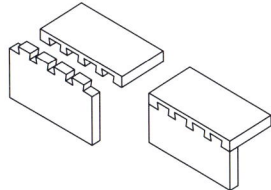

2

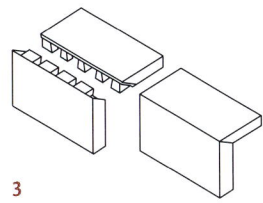

3

Diverse Schwalbenschwanz-
verbindungen, auch Schwalben-
schwanzverzinkungen genannt:

1 Einfache Zinkung

2 Einfach verdeckte Zinkung

3 Doppelt verdeckte Zinkung
   auf Gehrung

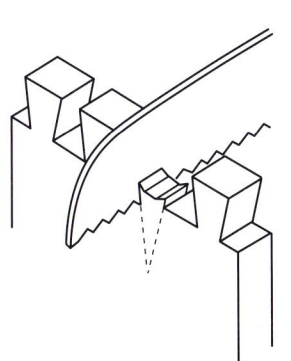
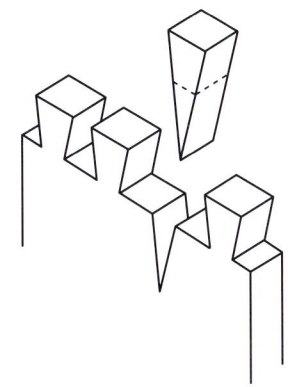

Ausbessern einer Schwalbenschwanzverbindung

SCHWALBENSCHWANZ-VERZINKUNG: Um diese Verbindung zu lösen, reißen Sie die Umrisse mit dem Anreißmesser an. Dann legen Sie einen Holzklotz unter die Eckverbindung und schlagen mit dem Hammer vorsichtig darauf, sodass sich die Verbindung durch die Schläge löst. Das Befeuchten mit einem Tuch kann ebenfalls hilfreich sein.

Eine ausgebrochene Schwalbenschwanzverbindung kann man wie folgt ausbessern: zunächst den beschädigten Zapfen v-förmig ca. 6 cm tief herausschneiden, dann den neuen Zapfen keilförmig zuschneiden, einpassen und verleimen.

Der beste Leim ist auch heute noch der Knochenleim, auch Glutinleim oder Perlleim genannt. Er lässt sich mit heißem Wasser entfernen oder durch Hitze verflüssigen. Neuer Leim verbindet sich mit altem und ist elastisch, das kommt dem Arbeiten des Holzes sehr entgegen. Bei alten Möbeln wurde ausschließlich dieser Leim verwendet.

LEIMVERBINDUNGEN FESTIGEN: Wackeligen Stühle kann man oft einfach und schnell mit Knochenleim zu Leibe rücken: mit der Spritze in die Ritzen injizieren und bei Bedarf mit Schraubzwingen fixieren und trocknen lassen.

VERZOGENE HOLZTEILE kann man befeuchten und mit Schraubzwingen vorsichtig in Form bringen und leimen.

ABGEBROCHENE BEINE: Sind die Beine abgebrochen, so kann man sie auf unterschiedliche Art leimen bzw. die kaputten Teile erneuern.

Reparieren von abgebrochenen Beinen

Holzoberflächen behandeln

Man kann alle Oberflächen nach dem Schleifen durch entsprechende Oberflächenbehandlung total verändern.

Wachsen oder Ölen ist eine natürliche und einfache Holzbehandlung für alle massiven Weichhölzer. Mit reinen Bienenwachsen und reinem Leinöl wird die natürliche Holzmaserung unterstrichen. Es gibt aber auch farbige Flüssigwachse, die allerdings lösungsmittelhaltig sind. Die Oberfläche wird offenporig geschützt, ist aber nicht temperatur- und wasserbeständig. Durch Bienenwachs wird die Oberfläche seidenglänzend, durch Leinöl eher matt oder stumpf. Sowohl Wachs als auch Öl werden mit einem Lappen aufgetragen und poliert.

Lasieren: Die Oberfläche wird zwar versiegelt und ist damit wasser- und temperaturbeständig, aber die Holzstruktur bleibt erkennbar. Lasuren werden mit dem Pinsel aufgetragen. Es gibt sie glänzend und matt und in allen erdenklichen Farben.

Beizen: Die Beize wird mit Stoff aufgetragen und eingerieben, macht aber eine weitere Oberflächenbehandlung – meistens mit einem Lack – erforderlich, da sie sonst nicht beständig ist und ausbleicht. Das Beizen ist aber eine alte Kunst der Oberflächenbehandlung und bei Intarsienarbeiten unablässig. Neben den modernen Beizen gibt es auch alte Beizrezepturen, einige davon wollen wir Ihnen nicht vorenthalten: Walnussschalen mit Alaun oder Pottasche kochen, schwarzen Tee kochen.

Lackieren: Früher wurde mit Öl-Harz-Firnis – auch als Bootslack bekannt – lackiert, heute arbeitet man mit schnelltrocknenden, aber lösungsmittelhaltigen Lacken. Die Holzoberfläche wird versiegelt und ist wasser- und temperaturbeständig. Lacke werden mit dem Pinsel aufgetragen, es gibt sie farbig, matt und glänzend.

Schellack ist eigentlich die Harzabsonderung der Lackschildlaus und wird in Spiritus aufgelöst, als Politur wird er seit Beginn des 19. Jahrhunderts verwendet. Meistens findet er auf feinporigen Laubhölzern Anwendung, für Eiche oder Weichhölzer wie Fichte ist er weniger geeignet. Er ist nicht feuchtigkeitsbeständig und das Polieren mit dem Watte-Wolle-Leinenballen erfordert einige Übung.

Politurrezeptur: 110 g Schellack, 20 g Mastix und 20 g Kolophonium (Mastix und Kolophonium sind Harze) in 1 Liter reinem Alkohol (96 %ig) oder Polierspiritus auflösen.

Waschbecken im Holzwaschtisch. Wir haben ein altes intaktes, kastenförmiges Waschbecken gefunden. Da solche Waschbecken wirklich selten sind, fanden wir die Idee gut, dieses Waschbecken für die Renovierung des Gäste-WCs zu verwenden.

Wir haben das Waschbecken in einen Holztisch eingelassen, der so zu einem Waschtisch wurde. Der Kieferntisch ist einfach gearbeitet: vier Stützen, eine Ablage und als Auflage eine dicke Kiefernplatte. Alle Holzteile sind wasserfest lackiert.

Gartenliege. **Wir haben den »Schubbock«, an dem noch die Mistreste**
von vor 50 Jahren klebten, erst einmal abgebeizt und gesäubert. Die kaputten
Holzbretter haben wir komplett entfernt und erneuert. Allerdings sind wir
dabei viel weiter auf dem Schiebebalken nach vorne gegangen und haben
eine größere Fläche als ursprünglich mit Brettern belegt. So können die
Beine bequem liegen und es ist noch genug Handfreiraum vorhanden, um
die Liege zu schieben.

Da die Rückenlehne der Mistkarre sehr stark gebogen ist, müssen einige
Kissen oder ein Schaumstoffkeil dieses Manko an Komfort ausgleichen.

Knechteschrank

Wir haben den farbig lackierten und bunt beklebten Knechteschrank abgebeizt und die Farbschichten entfernt. Danach haben wir alles mit
Wasserstoffperoxid aufgehellt und den Schrank komplett abgeschliffen.
Da der Schrank sehr wurmstichig war und der Altertumswert nicht sehr
hoch, haben wir uns dazu entschieden, kein Glas in die sperrholzgefüt-
terte Tür einzulassen, sondern lediglich Fliegendraht. Der »Vitrinenef-
fekt« ist erkennbar und außerdem war früher in den alten Vorrats-
schränken tatsächlich Fliegendraht als Schutz in die Türen eingearbeitet.

Um zu demonstrieren, wie man einen schlichten Schrank aufpep-
pen kann, haben wir aus einem Zubehörkatalog einige Holzteile bestellt
(Adresse siehe Seite 23) und den Schrank etwas veredelt. Wir haben Füße
unter dem Schrank angebracht, weil er dann nicht so plump wirkt.
Durch die aufgeleimten Zierleisten auf beiden Seiten werden die
Wurmstiche kaschiert. Der Schrankaufbau komplettiert und rundet die
Gesamtoptik ab.

Wer mag, kann den Schrank weiß, blau oder auch rot – je nachdem, mit welchem Einrichtungsstil Sie den Schrank kombinieren wollen – lackieren oder lasieren.

Einen ganz individuellen Charakter bekommt der Schrank, wenn Sie
eine beliebig tapezierte Pappe vor die Rückwand stellen. Ein Streifen-
oder Rosendekor geben dem Schrank besonderen Pfiff.

KNECHTESCHRANK. **Aus einem schlichten Schrank wird
ein ansehnliches Möbel mit Vitrinencharakter. Holzteile,
die man als Zubehör erwerben kann, verändern die Optik.
Wenn Sie Regalböden aus Glas verwenden, können Sie
in den Schrankboden eine Beleuchtung einbauen, die
Technik kann in der Schublade verschwinden.**

Gartenbank mit Treppengeländer (oder Betthaupt)

Wir haben ein schönes Treppengeländer gefunden und uns überlegt, daraus eine Bank zu tischlern. Auch Betthäupter lassen sich unter Umständen als Rückenlehne für eine Bank verwenden.

In unserem Fall brauchten wir nur die Seitenteile mit Armlehnen und Pfosten sowie die Sitzfläche zu konstruieren. Das Stück Treppengeländer war im Original genau passend hoch und breit, um als Rückenlehne zu fungieren.

Zuerst haben wir das alte Treppengeländer abgebeizt, (weil es aus Eichenholz ist) mit Oxalsäure aufgehellt und geschliffen. Für die neu angefertigten Zubehörteile haben wir die gleiche Holzart – also auch Eiche – verwendet. Nach nur einer Gartensaison waren alte und neue Holzteile ohne Unterschied grau verwittert. Wir fanden das schön so, aber mit der entsprechenden Lasur lassen sich die Holzfarbtöne auch angleichen.

Für die Bankkonstruktion haben wir als erstes die vier Pfosten zugeschnitten und dabei die Höhe der vorderen Pfosten auf die Höhe der Armlehnen und die hinteren Pfosten, in die das Treppengeländer eingelassen ist, auf die Höhe des Geländers abgestimmt. Dann werden die Zapfenlöcher für die Armlehnen und die Querverstrebungen sowie die Verzapfung für die Rückenlehne gebohrt. Anschließend wird alles verleimt, zusammengesteckt und bei Bedarf zusätzlich mit Schrauben verstärkt.

Für die Sitzfläche haben wir lediglich drei Eichenbretter auf die Querstreben gelegt und von unten durchgeschraubt.

Bei der Verwendung von einem Betthaupt als Rückenlehne muss man vielleicht überlegen, die Armlehnen der Bank ganz wegzulassen.

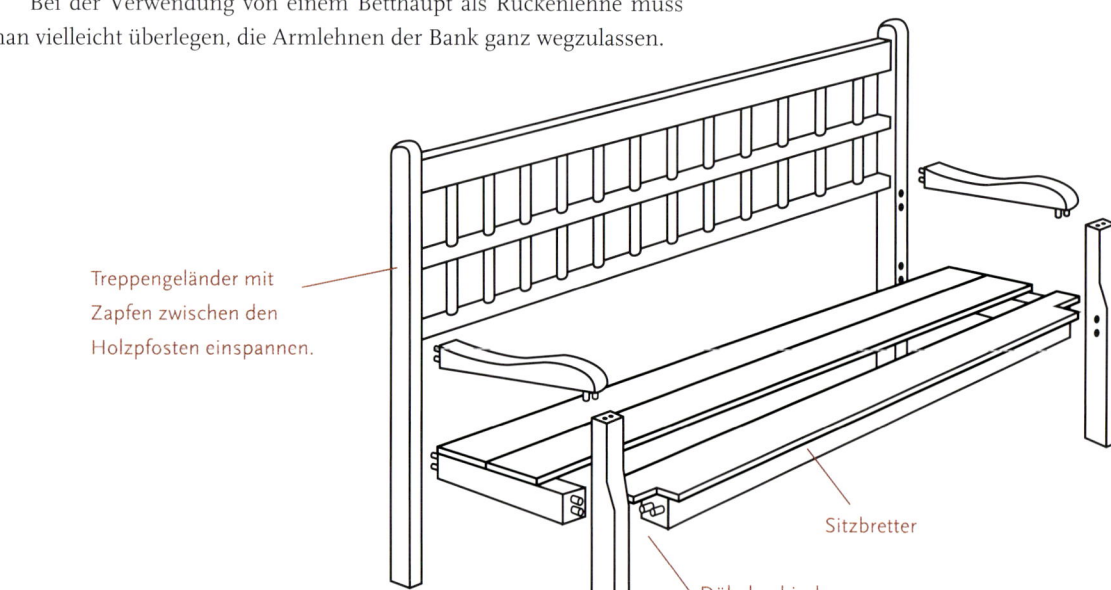

Treppengeländer mit Zapfen zwischen den Holzpfosten einspannen.

Sitzbretter

Dübelverbindungen

Ob Treppengeländer oder Betthaupt. Unsere
Lösung soll nur eine Anregung sein. Planen
Sie ein Unikat für Ihren Garten.

GARTENBANK MIT TREPPENGELÄNDER.
Ein altes Treppengeländer, vier Pfosten, zwei Armlehnen und
drei Bretter ergeben eine originelle Gartenbank. Alle Verbindungen
werden verzapft und verleimt. Als Rückenlehne könnte alternativ
auch ein altes Betthaupt verwendet werden.

Bibliotheksleiter

Ein einzelner alter Stuhl – da weiß man manchmal nicht, wohin damit, und wegwerfen mag man ihn auch nicht. Bevor so ein Schätzchen auf dem Müll landet, kann man ihn besser in ein wirklich attraktives Wohnaccessoire verwandeln, das nicht überall zu finden ist.

Wir hatten einen Fichtenstuhl im Fundus, darum ist unsere Stuhlleiter nicht ganz so robust. Hartholz ist hierfür natürlich am besten geeignet.

Am schwierigsten ist die Berechnung der Stufen. Wir haben fünf Stufen angelegt *(siehe auch Zeichnungen Seite 32)*.

Der Trick bei der Konstruktion ist, dass das vordere Stück der Sitzfläche mit den vorderen Stuhlbeinen zuerst abgesägt und dann mit Scharnieren wieder so befestigt wird, dass sich die Stuhllehne mit den hinteren Stuhlbeinen umklappen lässt. Man klappt also die Rückenlehne einmal um die eigene Achse, sodass sie die Funktion der hinteren Stuhlbeine übernimmt. Durch das Umklappen kommt dann das »Unterleben« des Stuhles, nämlich die Leiter, zum Vorschein.

Wichtig ist, dass die Stuhlproportionen stimmen, denn die Beine müssen etwa genauso lang wie die Stuhllehne sein, sonst steht die Leiter im umgeklappten Zustand schief und Sie müssten erst die Stuhllehne oder -beine verkürzen.

In unserem Fall ist die Stuhllehne 47 cm, die Stuhlbeine sind 46 cm hoch (beides ohne die Sitzfläche gemessen! Man misst also das Stuhlbeinmaß bis unter die Sitzfläche und das Lehnenmaß ab Sitzfläche), sodass die 1 cm starke Sitzfläche den Höhenunterschied beim Umschlagen exakt ausgleicht.

BIBLIOTHEKSLEITER. **Ein alter Stuhl wurde zur Treppe umfunktioniert und hier als freistehendes Element zur Dekoration eingesetzt.**

ABTRENNEN DER SITZFLÄCHE: Unser Stuhl hat eine Sitzfläche von 36 cm (die Einlassung in der Rückenlehne außer Acht gelassen). Davon bleiben 30 cm mit der Rückenlehne verbunden stehen, 6 cm werden vorne am besten mit einer elektrischen Säge abgetrennt, das entspricht in etwa der Stuhlbeinstärke (die Sitzfläche steht meistens vorne etwas über). In jedem Fall aber wird so viel von der Sitzfläche abgetrennt, dass diese einen Abschluss mit den vorderen Stuhlbeinen bildet. Mit Scharnieren wird dann beides wieder miteinander verbunden.

TREPPENKONSTRUKTION: Wir haben eine Konstruktion von fünf Stufen gewählt: Das heißt: Zwei Stufen sind am vorderen Stuhlbein angebracht, eine Stufe bildet die Sitzfläche bzw. die Stuhlunterseite und zwei Stufen sind an den hinteren Stuhlbeinen angebracht. Die Rückenlehne übernimmt bei der Leitervariante die Funktion der Beinstützen.

Unsere Konstruktion hat »Auftritte«, weil sie uns in der Funktion als Leiter sicherer erschien. Es ist aber auch möglich, die Stufen in »Wangen« einzulassen, diese Konstruktionsvariante ist optisch etwas eleganter.

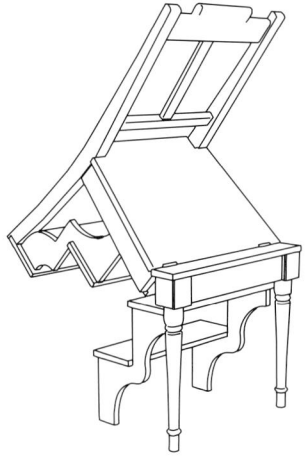

Wie oben angegeben, haben wir zur Stufeneinteilung eine Tiefe von 30 cm zur Verfügung, das ergibt eine Stufentiefe von jeweils 10 cm. Wenn sie nur drei Stufen planen, dann haben Sie entsprechend tiefere Stufen. Das kann auch praktisch sein, allerdings ist der Abstand von Stufe zu Stufe natürlich größer und die Leiter ist dann nicht so bequem zu besteigen. Es liegt bei Ihnen abzuwägen, wie die Bibliotheksleiter zum Einsatz kommt und dementsprechend zu konstruieren ist.

Die Holzteile für die Auftritte werden an den Stuhlbeinen und an der Sitzfläche entweder mit Holzdübeln oder – wer mag – mit Spaxschrauben befestigt.

Ein wenig Erfahrung mit Holzarbeiten ist beim Bau dieses Kleinods sicherlich hilfreich.

Aus der Bildabfolge der Zeichnungen wird das Kipp-Prinzip erkennbar. Im »Handumdrehen« wird aus einem Stuhl eine Treppe bzw. ein Treppenregal.

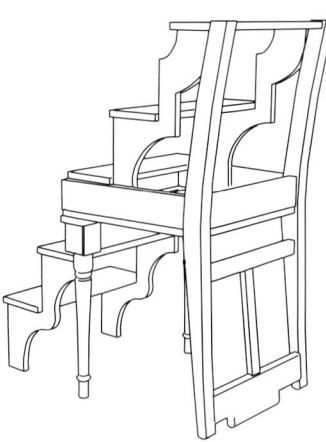

TELEFONBANK. **Das nicht ganz so alte, aber dafür massive »Eichen-Schätzchen«, das seinen Platz im Keller hatte, weil es zu altdeutsch erschien, haben wir abgebeizt. Und siehe da: »Der Lack ist ab« und eine ganz andere Optik kommt zum Vorschein. Der originale Eichenfarbton kommt wunderbar zur Geltung. Obwohl wir erst vorhatten, eine Friesentruhe in Blau-Weiß daraus zu zaubern, haben wir Abstand davon genommen, weil man aus den Schnitzereien die weiße und blaue Farbe nur mit viel Mühe wieder entfernen könnte.**

Sekretär

Bevor Sie ein altes Tischchen auf den Sperrmüll tragen, weil Sie eigentlich keine weitere Verwendung dafür haben, sollten Sie sich vielleicht überlegen, ob sich nicht die Verwandlung in einen kleinen Sekretär lohnt.

Wir haben das Tischchen abgebeizt, mit Wasserstoffperoxid aufgehellt und abgeschliffen. In der gleichen Holzart haben wir einen kleinen Aufsatz getischlert. Wenn Sie sich das nicht selbst zutrauen, dann beauftragen Sie einfach einen gelernten Tischler damit.

Zuerst sollten Sie eine kleine Zeichnung anfertigen, damit die Proportionen stimmen. Der Aufsatz sollte nicht mehr als die Hälfte der Tischtiefe haben. Die Gesamthöhe des Aufsatzes entspricht etwa der Breite. In unserem Fall ist die Tischplatte 60 cm tief und 86 cm breit. Der Aufsatz ist 27 cm tief, 30 cm hoch und mit 86 cm natürlich genauso breit wie der Tisch.

Unsere Ablageneinteilung ist rein willkürlich. Wir haben uns für ein Türchen jeweils rechts und links und in der Mitte eine offene Ablage entschieden. Man kann aber mit den Ablagemöglichkeiten individuell variieren.

Sie fertigen am besten erst den kompletten Aufsatz, der dann mit Holzdübeln auf dem Tischchen verankert wird, damit er nicht verrutschen kann.

Die Holzteile für den Aufsatz werden zugeschnitten und miteinander verleimt und verdübelt. Für Verzierungen und Rundungen, z. B. an den Seitenteilen, können Sie vorher aus Pappe Schablonen anfertigen und die Holzteile mit einer Stichsäge nacharbeiten. Kleine Leisten dienen als Auflage für die Ablageböden. Wir haben die Türchen (20 x 20 cm) mit Kassettendekor gefertigt, man könnte sogar die Kassettenfüllung noch verglasen, dann wird der Sekretär noch edler.

Für die Kassetten nehmen Sie vier gleich große Holzleisten, die Sie auf Gehrung schneiden. In die Innenseite wird eine Nut gefräst, in welche die Füllung eingelassen wird. Dann wird alles zusammengesetzt, verleimt und verdübelt. Wenn Sie Glas einsetzen möchten, dann fräsen Sie nur eine Kante ein und befestigen das Glas von hinten mit einer Leiste. Zum Schluss nageln Sie die Sperrholzrückwand an.

Weil altes und neues Holz farblich nicht so gut harmonieren, haben wir das Ganze lasiert. Die Lasierung bietet außerdem den Vorteil, dass das Holz bei Benutzung nicht so verschmutzt wird.

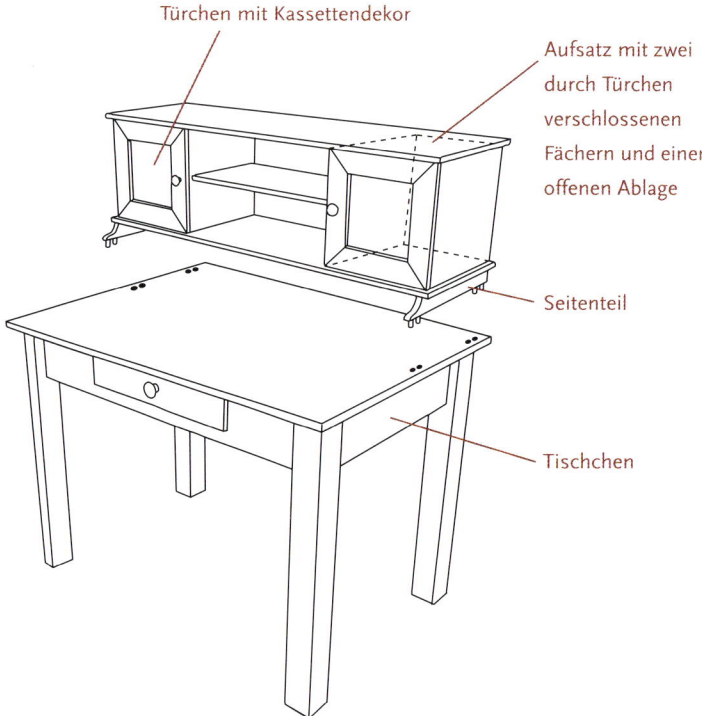

Türchen mit Kassettendekor

Aufsatz mit zwei durch Türchen verschlossenen Fächern und einer offenen Ablage

Seitenteil

Tischchen

Es empfiehlt sich vor dem Anfertigen des Aufbaus eine Zeichnung anzufertigen, damit die Proportionen stimmig werden. Der Aufsatz sollte nicht höher sein als die halbe Tischtiefe. Für die geformten Seitenteile sollten Sie sich vor dem Zuschneiden des Holzes eine Schablone aus Pappe anfertigen.

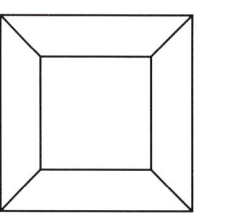

Die Rahmenkonstruktion des Türchen besteht aus vier gleich großen Leisten, die auf Gehrung gesägt sind.

SEKRETÄR. Ein altes, unscheinbares Tischchen haben wir mit einem Aufsatz in einen kleinen Sekretär verwandelt. Der Aufsatz und seine Ablagemöglichkeiten lassen sich individuell variieren.

Alte Lampen

Oft passiert es beim Staubwischen: Schwupp hat es einen Lampenschirm erwischt, er ist zerbrochen oder gerissen, jedenfalls unansehnlich und kaputt. Der Fuß ist aber noch intakt. Erste und einfachste Möglichkeit: Man geht ins Möbelhaus und bestellt oder kauft einen neuen Lampenschirm. Zweite Möglichkeit: Man bastelt aus entsprechend starkem Papier selbst einen neuen. Dritte Möglichkeit: Sie kreieren selbst eine Lampe. Wir wollen Ihnen einige Beispiele vorstellen.

 Außergewöhnliche Glühbirnen können die Lampenoptik positiv beeinflussen.

LAMPE MIT VASENSCHIRM.

Wenn der Lampenfuß die Möglichkeit bietet, eine umgedrehte Glasvase zu halten, ist dies eine sehr einfache und individuelle Lösung, eine schöne Tischleuchte zu kreieren. Der Glaser bohrt Ihnen gegebenenfalls Löcher zur Befestigung. Beim Kauf der Glasvasen sollten Sie darauf achten, dass der Glasboden nicht zu dick und zu schwer ist, sonst passen die Schrauben nicht durch den Boden oder der Ständer hält das Gewicht nicht. Auch Keramikvasen lassen sich verwenden, wenn die Birnenfassungen nach unten ausgerichtet sind und die Lampe eher zur Dekoration anstatt zum Lesen dienen soll.

Lampen mit Papierschirm.

Papier gibt es in allen Stärken und Ausführungen. Handgeschöpftes Papier oder Seidenpapier haben ein besonderes Flair. Wir wollen Ihnen zwei Schirmvarianten aus Papier vorstellen:

Ein kleiner dreieckiger Schirm.
Die Ecken werden mit Pappe verstärkt. Rundherum einfach das Papier aufkleben und auf die Schirmhalterung stellen.

Ein zylindrischer Schirm, der den Fuss verdeckt.
Dieser Schirm wird wie eine Laterne gebastelt: oben und unten einen Pappring anfertigen, der dann rundherum mit Papier beklebt wird.

Stehlampe mit Leinenbezug

MATERIAL: Leinen wie folgt berechnen: Der Durchmesser des Gestells multipliziert mit 3,14 ergibt den Umfang, geteilt durch acht Felder plus 2 cm für jedes Feld als Nahtzugabe. Für oben und unten muss der Stoff je 10 cm länger sein.

ZUSCHNITT: Leinen in acht gleich große Teile schneiden und mit dem Stickmuster bezeichnen.

STICKEN: Wir haben uns für Motive aus der Schwälmer Stickerei entschieden. Die Beschreibungen der Grundmotive und Stiche finden Sie auf Seite 80 ff. Nach dem Sticken fertigen Sie von einem Feld des Gestells eine Schablone aus Pappe an und schneiden danach die Stickerei passend konisch zu.

Nach Fertigstellung der Stickerei wird der Stoff gewaschen und gebügelt. Erst dann alle Teile zusammennähen und oben und unten einen eingeschlagenen Saum fertigen, durch den Sie ein Gummiband einziehen. Den Lampenbezug über das Gestell stülpen, das Gummi zusammenziehen und vernähen.

STEHLAMPE MIT LEINENBEZUG. **Ein neuer Lampenschirm macht aus einer alten Lampe wieder ein ansehnliches Stück. Wir haben einen Leinenstoff mit einem Motiv der Schwälmer Stickerei (siehe auch Zeichnung) bestickt.**

Lampenfüsse in einer Vase verstecken.

Um hässliche Lampenfüße »verschwinden« zu lassen, kann man eine Tischleuchte in eine
Vase stellen. Die Höhe lässt sich mit Quarzsand regulieren. Accessoires aus der Floristik runden
den Gesamteindruck ab und man kann das Ganze noch jahreszeitlich unterschiedlich gestalten.
Wir haben als Beispiel eine weiße Keramikvase mit weitem Rand gewählt und darauf einen
kleinen Schmuckkranz gelegt, aus dessen Mitte eine schöne Glühbirne ragt. Wichtig ist, dass
es ein Sparlampe ist, die nicht so heiß wird wie herkömmliche Glühbirnen.

Lampe mit Floristikaccessoires.

Die Idee, mit floristischen Elementen zu arbeiten,
kann man natürlich auch bei normalen Lampen-
füßen aufgreifen. Wir fanden das Vogelnest ausgesprochen witzig. Da der Lampenfuß nur eine
Schraubvorrichtung hatte, um den Schirm zu
befestigen, haben wir ein altes Kuchengitter mit
dem Seitenschneider zurechtgeschnitten und als
Unterlage verwendet.

Alter Reisekoffer

So ein alter Koffer birgt nicht nur viele Reiseerinnerungen in sich, sondern auch einigen »Stauraum« zum Beispiel für Zeitungen oder CDs.

Sie können den Koffer im Original lassen und nur mit einem schönen Stück Stoff »überwerfen«. Sie können ihn aber auch mit Stoff oder Papier richtig auskleiden. Wir haben uns für Seidenpapier entschieden und zwei Farbtöne aufeinander abgestimmt. Das Seidenpapier haben wir mit ganz normalem Tapetenkleister aufgeklebt und trocknen lassen.

Da unser Koffer reichlich beschmutzt war, haben wir ihn vorab gründlich abgewischt und auf die Außenseite vorsichtig und ganz dünn Leinölfirnis aufgetragen.

Die CD-Einteilung haben wir mit zusammengesteckten Sperrholzbrettchen konstruiert *(siehe Zeichnung)*. Wichtig ist, dass die eingesägten Schlitze in den Brettchen genauso stark sind wie die Sperrholzbrettchen, damit man sie zusammenstecken kann. Das Sägen der Kerben können Sie im Baumarkt machen lassen. Die Abstände ergeben sich aus der Koffergröße und -tiefe. Eine CD ist ca. 12 x 14 cm groß, also kann die Längseinteilung jeweils alle 14 oder 15 cm erfolgen, da die Beschriftung auf der schmalen CD-Seite steht. Die Quereinteilung machen Sie von der Koffertiefe abhängig. Wir haben einen Koffer in der Größe von 44 x 74 cm und dafür vier Längseinteilungen und zwei Quereinteilungen zugeschnitten, so entstehen etwa quadratische Felder. Unsere Sperrholzbrettchen sind 5 mm stark und 12 cm hoch, sodass die CDs etwas überstehen. Die Einkerbungen, um die Brettchen zusammenzustecken, sind deshalb 6 cm tief.

Prinzip CD-Einteilung aus Sperrholz

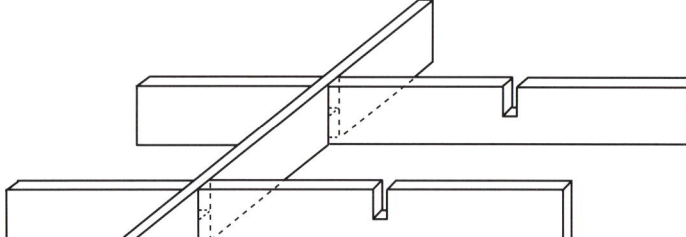

ALTER REISEKOFFER. **Ein alter Koffer bietet einigen »Stauraum«, zum Beispiel für CDs. Der Einbau aus Sperrholzbrettchen schafft Ordnung. Die Auskleidung mit farbigen Seidenpapieren setzt Akzente.**

Die mit Kerben versehenen Brettchen werden einfach ineinandergesteckt. Die Stärke der Schlitze entspricht der Stärke der Brettchen.

Alte Sofas, Sessel und Stühle

Alte Sofas, Sessel und Stühle

Eine alte Chaiselongue oder ein Sofa ist – neu gepolstert – ein echtes Schmuckstück. Es erfordert aber im Gegensatz zu vielen anderen Objekten, die wir Ihnen vorstellen, einiges an Arbeitseinsatz, wenn man das Postern selbst übernimmt. Einige Anweisungen dazu wollen wir Ihnen aber gerne geben. Wir beschränken uns jedoch auf die reine Polsterarbeit, das Gurten und Federn-Schnüren erfordert viel Erfahrung und einiges an Fertigkeiten und Spezialwerkzeugen, die in das Polsterhandwerk gehören und für unseren Anspruch einfach zu schwierig sind. Es gibt auch fertige Federkerne zu kaufen, die einfach auf das Holzgestell genagelt werden. Für den Anfänger bietet sich jedoch als »Erstlingswerk« ein herausnehmbarer Stuhlsitz an. Am einfachsten ist es dabei, wenn nur der obere Bezugsstoff erneuert wird. Esszimmerstühle mit gepolsterten Rückenlehnen sind schon eher etwas für Fortgeschrittene und Sessel oder Sofas erst recht.

Die kleine Lehre des Polsterns

WERKZEUG: Das typische Polsterwerkzeug ist die Nadel und davon gibt es die unterschiedlichsten Typen: gerade und gebogen, klein und handlich oder bis zu 50 cm lang, mit einer oder auch zwei Spitzen.

Zu den weiteren Werkzeugen gehören Hammer, Zange, Gurtspanner, Schere und Tacker, Nagelheber, Losschlageisen und größere Stecknadeln, die so genannten »Anstecker«, sowie Zollstock und Maßband – um nur die wichtigsten zu nennen.

GURTE: Als Grundlage haben die meisten Polsterobjekte ein Geflecht aus Gurtbändern, die über den Rahmen gespannt sind. Darauf baut entweder die Polsterung auf oder werden die Federn aufgeschnürt.

FEDERKERN UND FEDERN: In qualitativ guten Polstermöbeln befinden sich auch heute noch Federkerne. Das ist ein Geflecht aus kleinen Sprungfedern, die alle miteinander verbunden sind und industriell gefertigt werden. Die preiswerteren Polstermöbel haben dagegen nur einen Schaumgummikern, der die Funktion der alten Federn oder des Federkerns übernimmt.

In ganz alten Polstermöbeln findet man noch die einzelnen Federn, die geschnürt und mit einem Kantendraht manuell verbunden werden. Solch hochwertige Arbeit findet sich in der industriellen Produktion nicht mehr. Die Qualität dieser alten Technik in Sachen Haltbarkeit und Sitzkomfort ist unübertrefflich, weil der fertige Federkern durch den

Neu gepolstert werden selbst solche kaputten Clubsessel wieder zu echten Schmuckstücken.

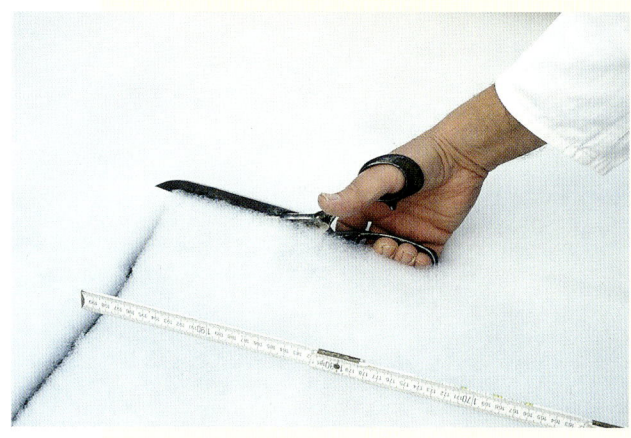

Die Polsterwatte wird über die Palmfaser- bzw. Brechwachspolsterung gespannt und verhindert ein Durchstechen des groben Materials.

BILDLEISTE RECHTS
OBEN: **Der professionelle Polsterer benötigt eine Vielzahl von Spezialwerkzeugen.**
MITTE: **Die Polsterung ist auf Gurten und Federn oder Federkern aufgebaut.**
UNTEN: **Als Polstermaterial dient Palmfaser oder Brechflachs. Zum Ausgleichen wird nach wie vor Rosshaar verwendet, worüber Fassonleinen gespannt wird.**

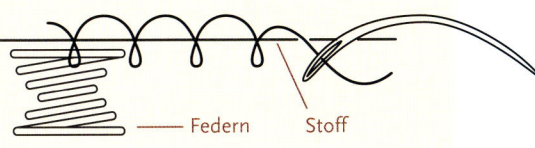

engen Verbund der viel kleineren Federn eine viel geringere Flexibilität und Federung hat. Leider gibt es heutzutage kaum noch Handwerker, die das Schnüren und Aufnähen der Einzelfedern beherrschen.

POLSTERMATERIAL: Zum Polstern wird meistens Palmfaser, Brechflachs oder die feinere Hede verwendet, darauf setzt man eine kleine Schicht Rosshaar zum Ausgleichen von Unebenheiten.

POLSTERWATTE: Sie wird über die Palmfaser- bzw. Brechflachspolsterung gespannt und verhindert das Durchstechen dieses groben Polstermatierials. Die Polsterwatte ist ein Abfallprodukt der Lumpenverwertung, das auf der Rolle in 1,5–2 cm Stärke erhältlich ist.

FASSONLEINEN: Fassonleinen ist ein sehr weitmaschiges Leinen, das über das Polstermaterial gespannt wird.

SPANNLEINEN: Spannleinen ist ein dichteres Leinen als das Fassonleinen und entspricht in etwa dem Leinen von Mehlsäcken. Es wird auf die Gurte gespannt, wenn keine Federn oder Federkern verwendet werden.

FEDERLEINEN: Federleinen ist das dickste und dichteste Leinen, weil es auf die Metallfedern gespannt wird und so größter Beanspruchung ausgesetzt ist.

LASIERFÄDEN: Die Lasierfäden sind lockere Steppstiche mit großen Schlingen. Unter diese Schlingen wird das Polstermaterial gesteckt. Die Schlingengröße richtet sich nach der Dicke der Polsterung. Der Stich wird alle 15–20 cm auf die Feder- oder Gurtabdeckung aufgenäht, meistens in Runden (siehe auch Zeichnung links).

LEITER- UND KETTENSTICH: Leiter- und Kettenstich (siehe auch Zeichnung unten) benötigt man, um die Polsterkanten zu »garnieren«, wie es im Fachjargon heißt.

— Federn   Stoff

Lasierfäden sind lockere Steppstiche mit großen Schlingen.

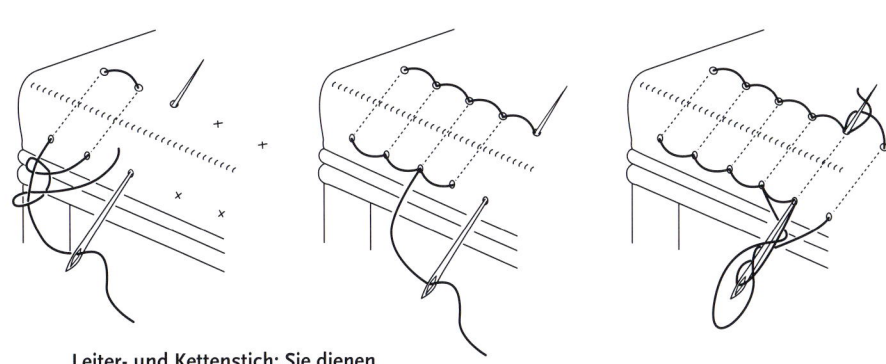

Leiter- und Kettenstich: Sie dienen zur »Garnierung« der Polsterkanten.

Stuhlsitze polstern

Wir haben unsere Stühle vorab abgebeizt und dann geölt. Leider waren unsere Eichenstühle schwarz gebeizt und die Beize so tief ins Holz eingezogen, dass ein sehr hoher Schleifaufwand nötig gewesen wäre, um einen helleren Ton zu erzielen. Wir haben daraufhin die Stühle nur gewachst und mit einem passenden Tisch kombiniert.

Da sich die Stuhlsitze in unserem Fall herausnehmen ließen, war das Polstern eine recht schnelle und einfache Sache.

DAS GURTEN

Wenn Sie die Gurte erneuern, sollten Sie das Gurtband vor dem Aufnageln nicht abschneiden, weil jedes einzeln gespannt werden muss. Sie heften deshalb zuerst den Gurt mit je drei Nägeln möglichst dicht auf dem Rahmen fest. Dann wird der Gurt gespannt, dazu können Sie einen Holzklotz oder wie der Profi einen »Gurtstrecker« verwenden und das Gurtband über den Rahmen spannen. Das gespannte Gurtbandende ebenfalls mit drei Nägeln auf dem Rahmen festnageln und ca. 4 cm hinter den drei Nägeln abschneiden. Gurtende einschlagen und mit zwei weiteren Nägeln befestigen.

Mit allen weiteren Gurten in einem Abstand von etwa 7–10 cm genauso verfahren und die Quergurte flechtartig unter die Längsgurte ziehen. Immer erst die Gurtbänder von vorn nach hinten spannen, dann die quer laufenden Gurtbänder.

GURTABDECKUNG

Als Abdeckung auf die Gurte wird Federleinen oder Spannleinen fadengerade mit einer »Nahtzugabe« von 2,5 cm zugeschnitten und ebenfalls fadengerade zu den Rahmenkanten befestigt. Wenn der Stoff fest genug gespannt ist, schlagen Sie die Nahtzugaben nach innen ein und befestigen das Feder- oder Spannleinen rundherum mit Polsternägeln in einem Abstand von ca. 5 cm.

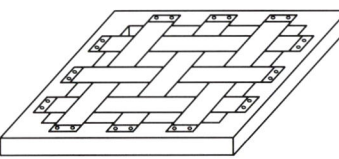

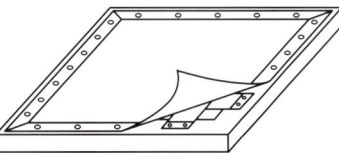

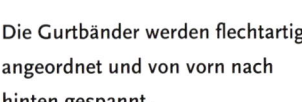

Die Gurtbänder werden flechtartig angeordnet und von vorn nach hinten gespannt.

Die Gurtabdeckung ist aus Feder- oder Spannleinen, das fadengerade zu den Rahmenkanten befestigt wird.

STUHLPOLSTER. Die Bildabfolge links zeigt den Stuhlsitz im alten Zustand und das erforderliche Material zur Polstererneuerung. Der Polsteraufbau ist im aufgeklapten Zustand gut zu erkennen. Zum guten Schluss wird der Bezugsstoff aufgespannt, mit Textilband auf der Unterseite abgeklebt und festgetackert.

LASIERFÄDEN, PALMFASER, POLSTERWATTE, NESSEL

Sie nähen in großen Schlingen ein paar lockere Steppstiche mit der Hand um die Kanten des Feder- oder Spannleinens. Unter diese Lasierfäden *(siehe Seite 43)* wird die Palmfaser oder Hede zum Polstern geschoben, darüber wird lose Polsterwatte gelegt. Der Fachmann spannt darüber noch Nesselstoff, man kann ihn aber wie wir auch weglassen. Etwa alle 2–3 cm einen Nagel einschlagen und in den Ecken 5–10 cm freilassen, dann erst die Ecken strammziehen und in einer Art Kellerfalte *(siehe Zeichnung unten)* zusammenfalten und an der Holzseite festnageln.

BEZUG

Auf die Polsterwatte bzw. den Nesselstoff spannen Sie dann den Bezugsstoff, wie oben beschrieben. Der Stoff wird nach dem Festnageln an der Kante abgeschnitten und mit Textilklebeband abgeklebt, damit er nicht ausfranst (dabei den Bezugstoff nicht einschlagen, sonst liegt er an der Seite zu dick auf und der Sitz passt nicht mehr in den Stuhl).

POLSTERVARIANTE: Unter Umständen kann man den Bezugsstoff auch ganz bis zur Sitzunterseite herumziehen und zur Versäuberung der Sitzunterseite noch Polsterleinen spannen.

Ist der Sitz nicht herausnehmbar, müssen die Stoffschichten an der Holzunterseite oder an anderer Seite, wenn eine Falz vorhanden ist, festgenagelt werden. An den hinteren Ecken der Stuhllehne den Stoff einschneiden und um die Pfosten (Zarge) legen. An den vorderen Ecken den überschüssigen Stoff zu kleinen Falten legen und nach innen schlagen und in Höhe des Beineinsatzes mit Polsternägeln befestigen. Überschüssigen Stoff neben den Nägeln abschneiden. Die Polsternägel können am Sitz sichtbar bleiben oder aber hinter einer dekorativen Borte verschwinden.

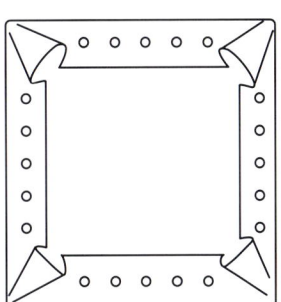

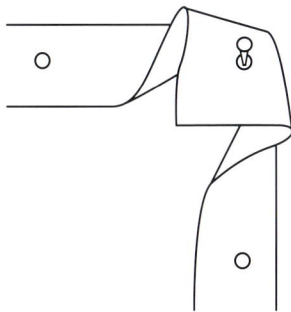

Kellerfalte: So werden die Ecken beim Spannen von Nessel und Bezug über den Holzrand gelegt.

Sessel mit Leinen neu bespannen

Wir haben einen alten, mit Kordeln bespannten Sessel abgebeizt und das Holzgestell, da es aus Eiche gefertigt ist, mit Oxalsäure aufgehellt. Dann haben wir den Stuhl mit fertigen Leinenschleifenbändern neu bespannt. Die Leinenbänder haben wir immer abwechselnd einmal über- und untereinander laufen lassen, ähnlich wie beim Schachbrettmuster. Das Befestigen und Spannen erfolgt nach dem gleichen Prinzip wie beim Gurten *(siehe Seite 44)*. An den Enden haben wir das Leinen doppelt umgeschlagen, festgetackert und dann noch mit einer zusätzlichen Holzleiste am Sesselrahmen befestigt, weil das Holz zu schwach zum Bespannen war.

ACHTUNG: Beim Kauf der Leinenbänder sollten Sie darauf achten, dass ein starker Webfaden verwendet wurde und das Leinen fest und dicht ist, sonst dehnen sich die Bänder und der Sitz beult aus.

SESSEL MIT LEINENGURTEN.
Ein ganz neues Gesicht hat dieser Sessel bekommen:
Wir haben ihn mit fertigen Leinenbändern bespannt.
Wichtig ist, dass die Bänder fest gewebt sind, damit
der Sitz nicht ausbeult.

BILDLEISTE RECHTS:
Wir haben die alte Polsterung und den Federkern
komplett entfernt und das Holzgestell repariert.

Das Federleinen liegt direkt auf den Federn und ist
mit jeder einzelnen Feder verbunden, weil es sonst
durchscheuert. Es wird mit Lasierfäden festgenäht.
Das Foto zeigt den Aufbau von unten gesehen.

ZEICHNUNG: **Es werden drei Runden Lasierfäden auf dem Federleinen genäht. Die Zeichnung zeigt eine Aufsicht auf das Federleinen der Sitzfläche. Unter die großen Bögen auf der Oberseite wird das Polstermaterial geschoben. Die kleinen Schlingen liegen eigentlich nicht sichtbar auf der Stoffunterseite und sind um die Federn geschlungen.**

Sofa neu polstern

Wir beginnen mit unseren Erklärungen beim Polstern auf den fertig geschnürten Federn oder dem intakten Federkern, weil die Kunst des Schnürens der Federn zu viele Spezialwerkzeuge und Fertigkeiten für einen Laien erfordert.

DAS POLSTER NEU AUFBAUEN

Zuerst das Federleinen auf den Federn festnähen und am Holzgestell festtackern oder nageln. Das Federleinen ist ein dichtes Leinen, das direkt auf den Federn liegt und mit jeder einzelnen Feder verbunden wird, weil es sonst durchscheuert.

In drei Runden werden auf dem Federleinen Lasierfäden genäht, unter die das Polster aus Brechflachs oder Palmfaser gesteckt wird *(siehe Zeichnung unten und Seite 43)*.

Brechflachs oder Palmfaser mit einer Stärke von ca. 4 cm (ca. 6 cm in lockerem Zustand) unter die Lasierfäden stecken.

Fassonleinen über das Polstermaterial spannen und mit Nägeln am Holz fixieren.

Das Fassonleinen mit dem Abheftstich (das ist der gleiche Stich wie bei den Lasierfäden) bis zu den Federn ganz durchstechen und das Fassonleinen wieder rundherum in drei Runden im Abstand von 15–20 cm durch die Polsterung und das Federleinen festnähen. Dazu verwenden Sie am besten eine so genannte »Doppelspitze«, das ist eine ganz lange Nadel mit Nadelspitzen an beiden Enden, mit der Sie durch die dicke Polsterschicht durchkommen. Dann sitzen Sie das Polster kräftig durch, damit sich die Polsterung setzt, und ziehen alle Fäden nach. Danach die Nägel wieder entfernen.

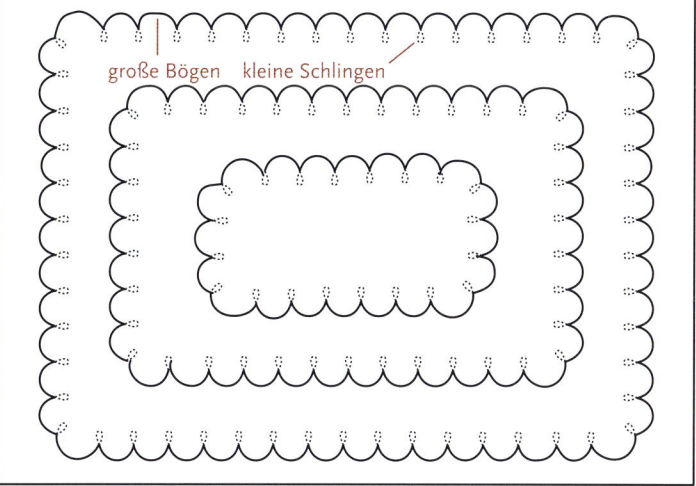

große Bögen   kleine Schlingen

Kantenaufbau: Die vordere Kante muss besonders ausgeglichen und verstärkt werden, damit Sie gerade ist. Falls keine Armlehnen vorhanden sind, gilt das auch für die Seiten. Für den Kantenaufbau wird ein Leinenumschlag vor den Federn am Federleinen und am Kantendraht festgenäht. An den Enden wird das Leinen heruntergezogen und am Holz befestigt. Je nach Polsterhöhe kann man das Fassonleinen an den Kanten mit Palmfasern ausgleichen, damit eine gerade Kante entsteht, und auf den Rahmen aufnageln. Bei höherer Polsterung wird das Fassonleinen an den Kantendraht angenäht.

Jetzt müssen Sie noch die Kante »garnieren«, das bedeutet, mit einem Leiterstich über den Kantendraht hereinstechen und unter dem Kantendraht mit einfachem Schlingstich festziehen. Der ca. 3 cm dicke »Kantenwulst« entsteht durch einen zusätzlichen Kettenstich *(siehe Seite 43)*.

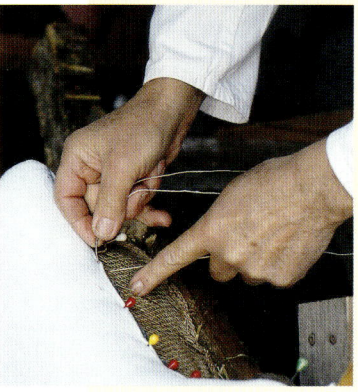

Die Lasierfäden für die zweite Polsterschicht auf dem Fassonleinen aufnähen. Wieder in drei Runden alle 15–20 cm in großen Schlingen nähen *(siehe Seiten 43 und 47)*.

Auch die zweite Polsterung unter die Lasierfäden stecken, hierfür nimmt man meistens Hede, ein Abfallprodukt aus der Juteherstellung. Man kann aber auch wieder Palmfasern verwenden. Die Polsterstärke beträgt aber nur 2–3 cm Endpolsterhöhe. Besonders professionell ist es, noch eine dünne Schicht aus Rosshaar zum Ausgleichen von Unebenheiten zu verwenden.

Auf die zweite Polsterung wird eine Schicht Polsterwatte gelegt. Darauf wird weißer Nesselstoff vorne am Kantenwulst festgenäht, hinten heruntergezogen und am Holzgestell festgenagelt.

DIE RÜCKENLEHNE POLSTERN

Die Rückenlehne hat meistens keine Federn, sodass die Polsterung auf einem über das Holzgestell gezogenen Spannleinen oder auf Gummigurten aufgebaut ist. Die Polsterung erfolgt wie oben beim Sitz beschrieben. Der Lasierstich braucht natürlich nicht mit Federn verbunden werden, weil ja keine Federn vorhanden sind. Ansonsten wird die Polsterung genauso in zwei Schichten aus Palmfasern und Hede aufgebaut und mit Fassonleinen und Polsterwatte bzw. Nesselstoff abgedeckt, die jeweils am Rahmen festgenagelt oder -getackert werden. Bei sichtbaren Holzteilen an der Lehne ist meistens auch ein Kantenaufbau mit Wulst erforderlich.

Die Aufpolsterung ist je nach Sofastil anders gestaltet – also mal dicker, mal dünner. Man richtet sich in der Regel nach der ursprünglichen Ansicht der Polsterung. Je nachdem, ob das Sofa frei stehen soll oder nicht, ist zu überlegen, ob man eventuell hinter der Rückenlehne ein »Zuspannfutter« anbringt oder sie mit Bezugsstoff bespannt.

Der Polsteraufbau der zweiten Polsterlage ist gut erkennbar: Fassonleinen, Palmfaser, Polsterwatte, Nessel.

Über die zweite Polsterschicht aus Palmfaser wird erst Polsterwatte gelegt und darüber weißer Nessel gespannt. Mit Ansteckern erst fixieren, dann die eingeschlagene Nesselkante festnähen. Die eingeschnittenen Stoffüberschüsse der Rundungen werden vorsichtig abgeschnitten.

SOFA UND STÜHLE NEU GEPOLSTERT. **Die Mühe hat sich gelohnt. Sofa und Stühle haben den gleichen Bezugsstoff bekommen. Als Bezugsstoffe eignen sich alle fest gewebten Stoffe, die auch bei Beanspruchung nicht so schnell verschleißen.**

DIE ARMLEHNE POLSTERN

Bei der Armlehne gilt vom Prinzip her das Gleiche wie bei der Rückenlehne, denn auch die Armlehnen haben meistens keine Federn. Allerdings ist der saubere Kantenaufbau – die so genannte »Borle« – von großer Notwendigkeit, damit die vordere Holzkante des Untergestells nicht zu fühlen ist und der Bezugstoff nicht direkt auf dem Holz scheuert und verschleißt. Man nennt diese Kante »Borle«, weil man aus Palmfaser eine entsprechend lange Rolle dreht, die dann mit Spannleinen wie beim Kantengarnieren eingefasst wird. Die Polsterung erfolgt wie bei Sitz und Rückenlehne in zwei Schichten *(siehe auch unten).*

DEN BEZUG ERNEUERN

Als Bezugsstoffe eignen sich alle fest gewebten Stoffe, die auch bei Beanspruchung nicht so schnell verschleißen. Als Polsterstoff kann man also festes Leinen, aber auch Samt, Seide, Brokat und Baumwolle verwenden.

Werfen Sie den alten Bezugsstoff nicht weg, sondern verwenden Sie ihn als Schnittmuster für den neuen Stoff. Geben Sie immer großzügige Nahtzugaben dazu, damit Sie den Stoff beim Spannen problemlos greifen können. Allen überschüssigen Stoff können Sie später immer noch abschneiden.

Der Stoff wird stets fadengerade zugeschnitten, und zur Einsparung des teueren Bezugsstoffes näht der professionelle Polsterer einen so genannten »Anzugsstreifen« hinten und auch seitlich an, der unter den Armlehnen und der Rückenlehne angezogen wird und darunter verschwindet.

Zuerst werden die Seiten provisorisch festgesteckt, dann die Vorder- und Rückseite. Sie sollten darauf achten, dass der Stoff fadengerade auf der Sitzfläche und auf der Rückenlehne liegt. Dann sitzen sie den Bezugsstoff kräftig durch. Den Stoff glatt ziehen und nach allen Seiten nachstecken. Den Polsterstoff an den sichtbaren Kanten umschlagen und mit Ziernägeln befestigen. Erst ganz zum Schluss wird der Bezugsstoff hinten am Holzrahmen festgetackert oder -genagelt.

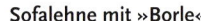
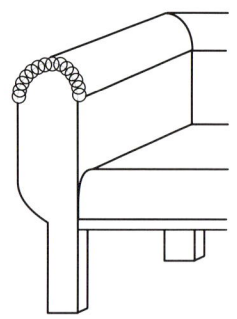

Sofalehne mit »Borle«

Auf den Nesselstoff wird zum guten Schluss der Bezugsstoff gespannt, mit Ansteckern fixiert und mit Ziernägeln an den sichtbaren Holzteilen befestigt.

Altes Leinen und Bettzeug, alte Wäsche und Säcke

Altes Leinen und Bettzeug, alte Wäsche und Säcke

Wir haben in einer alten Aussteuertruhe noch eine ganze Menge altes Leinen, Bettzeug und Wäsche und auch Säcke gefunden. Altes Leinen und auch Wäschestücke finden sich noch in vielen anderen Haushalten. Das fast unverwüstliche Leinen bietet eine Menge Verwendungsmöglichkeiten, wenn man sich mit Nadel und Faden etwas auskennt.

Es lohnt sich auf jeden Fall, auch alte Stoffe von alten Lieblingssachen aufzuheben, die vielleicht ein kleines Loch bekommen haben oder nur an einer kleinen Stelle abgenutzt sind.

Die kleine Lehre des Nähens

Den Umgang mit Nadel und Faden und auch die Bedienung der Nähmaschine wollen wir an dieser Stelle voraussetzen und lediglich einige Kniffe und Grundlagen erklären.

STOFFUMBRUCH: Der Stoffumbruch ist die »Knickstelle«, an der der Stoff doppelt liegt, aber keine Webkanten hat.

FADENLAUF: Mit Fadenlauf sind die Kett- und Schussfäden eines Stoffes gemeint. Der Fadenlauf verläuft deshalb häufig parallel zur Webkante. Er ist vor allem bei der Übertragung von Schnittmustern auf den Stoff zu beachten, besonders, wenn die Schnitte schräg verlaufende Schnittkanten haben, weil der Stoff sich sonst verziehen würde.

Bei der Wäsche von reinem Leinen und Baumwolle läuft der Kettfaden immer 6–10 % ein, der Schussfaden nur bis zu 3 %, das ist wichtig zu wissen, wenn man den Stoffbedarf und die Größe von Tischwäsche berechnet.

EINFACHE NAHT: Bei der einfachen Naht werden zwei Stoffe meist rechts auf rechts aufeinandergelegt und mit einer Steppnaht ca. 1 cm von der Schnittkante zusammengenäht und gewendet. Die Schnittkanten werden gekettet, also im Zickzackstich versäubert, damit sie nicht ausfransen. Abschließend wird die Naht von rechts ausgebügelt *(siehe Zeichnung 1 rechts)*.

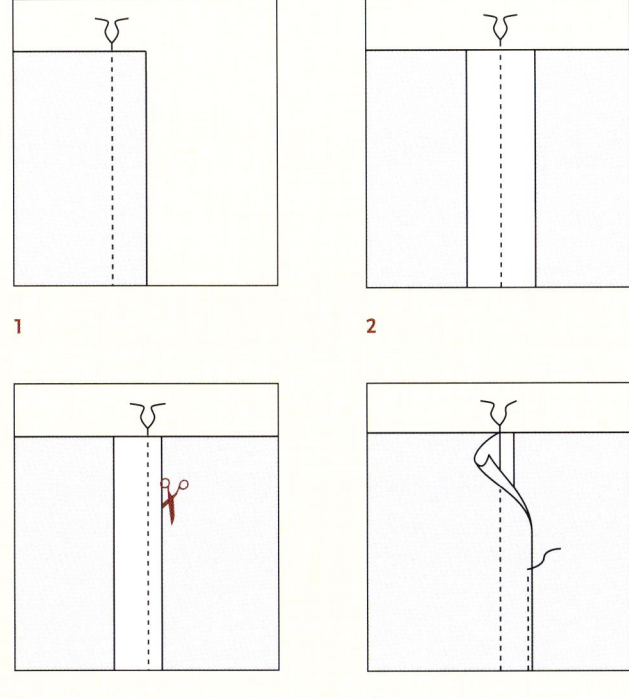

Anfertigen einer Kappnaht:

1 Einfache Naht nähen
2 Nahtzugabe auseinander bügeln
3 Nahtzugaben in eine Richtung bügeln
  und die untere dicht zurückschneiden
4 Obere Nahtzulage einschlagen,
  über die untere legen und festnähen

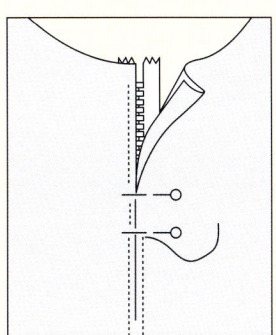

Verdeckter Reißverschluss

KAPPNAHT (ENGLISCHE NAHT): Bei der Kappnaht werden beide Schnitt-kanten eingeschlagen, man braucht sie deshalb nicht zu ketteln. Es sind aber zwei Steppnähte notwendig: Man legt zuerst den Stoff rechts auf rechts zusammen und steppt von links mit einer einfachen Naht ab. Da-nach bügelt man die Nahtzugaben erst auseinander und dann in eine Richtung. Die untere Nahtzugabe wird knapp zurückgeschnitten. Ab-schließend die obere Nahtzugabe einmal einschlagen, über die untere Nahtzugabe legen und dicht entlang der Bruchkante absteppen *(siehe auch Zeichnung links)*.

EINGESCHLAGENER SAUM: Dieser Standardsaum versäubert die Stoff-kante von innen und außen, weil die Schnittkante doppelt eingeschla-gen wird. Meistens macht man den ersten Einschlag nur minimal klei-ner als den zweiten, weil sich sonst die Kante durchbügelt. Hat man we-nig Stoff für den Saum zur Verfügung, kann man auch den ersten Ein-schlag ganz klein machen, man muss dann aber darauf achten, dass man beim Absteppen beide Stoffteile erwischt.

Gardinen und Tischdecken werden immer großzügig gesäumt, das wirkt besser. Sie haben einen Saum von ca. 3 cm, große Tafeldecken auch mehr.

FAUSTREGEL FÜR EINEN AKKURATEN EINGESCHLAGENEN SAUM:
• 1. Einschlag 18 Fäden von der Schnittkante
• 19. Faden Knickkante
• 2. Einschlag 20 Fäden von der Knickkante
• 21. Faden Knickkante
• der Saum ist dann insgesamt 22 Fäden breit
• Anheften an dem 23. Faden.
So ein Saum passt immer und hat keine durchgebügelte Kante.

VERDECKTER REISSVERSCHLUSS: Beim verdeckten Reißverschluss wird die Schnittkante der beiden zu verbindenden Stoffteile ca. 1–2 cm umge-bügelt, dann wird der geschlossene Reißverschluss mit Stecknadeln festgesteckt, wobei die Nadeln quer gesteckt werden, dann kann man nämlich mit der Maschine darüber hinwegnähen. Die Umschlagkante muss vorher mit Zickzackstich versäubert werden und von der Naht mit erfasst werden. Die beiden Bruchkanten liegen dabei genau zusammen und verdecken den Reißverschluss. Mit dem Reißverschlussfüßchen geht das Ganze noch einfacher *(siehe auch Zeichnung)*.

Boden einnähen: Für den Boden die Eckenzipfel in der gewünschten Breite nach innen stülpen, sodass der Zipfel auf der Bodennaht liegt. Die Bodenbreite bestimmen Sie selbst, wir haben 14 cm als komfortabel empfunden. Die Spitze dieses Dreiecks, die zur Mitte des Beutels zeigt, von innen auf dem Boden absteppen, damit sie festliegt und nicht mehr stört, außerdem schützt es die Ecken vor allzu schnellem Durchscheuern. Die von außen noch offene Seite des Dreiecks lässt sich am besten von außen ganz schmal absteppen.

Einsteckkissen oder Kissen mit Hotelverschluss (Kofferverschluss): Für ein einfaches Kissen mit so genanntem Hotelverschluss benötigen Sie keinen Reißverschluss und keine Knöpfe, da die überlappenden Stoffteile dem Kissen den nötigen Halt geben. Dafür benötigen Sie natürlich etwas mehr Stoff, je nach Breite der Überlappung ein Drittel bis die Hälfte mehr. Wir nehmen für ein 40 cm breites Kissen 1 m Stoff (der meistens 1,40 m breit liegt) und fertigen daraus drei Kissen.

Die beiden Stoffenden bzw. Schnittkanten der überlappenden Stoffteile doppelt einschlagen und säumen (eingeschlagener Saum). Die Stoffteile recht auf rechts in die gewünschte Größe legen, wobei die Stoffenden übereinander lappen und die Seitennähte schließen. Den Bezug wenden und ein Kissen einstecken.

Applikationen: Beim Applizieren nähen Sie ausgeschnittene Stoffmotive auf einen Grundstoff auf. Im Gegensatz dazu steht das Quilten: Dort bauschen Sie den Grundstoff mit Volumenvlies auf. Das ausgeschnittene Stoffmotiv bügeln Sie am besten mit Vliesofix auf den Stoff, dann verrutscht nichts. Danach nähen Sie die Schnittkanten mit einem ganz eng eingestellten Zickzackstich um, sodass die Schnittkante nicht mehr sichtbar ist.

Rüschen: Wenn Sie Rüschen nähen möchten, benötigen Sie einen Stoffstreifen, passend gemustert oder unifarben zum Hauptstoff. Je nach Größe der Rüschen und nach den Proportionen wählen Sie die Breite des Stoffes, die doppelt so breit sein muss wie die Kräusel. Dazu nähen Sie an der Innenkante mit einem Steppstich mit weitem Stichabstand die ganze Länge ab. Je gröber der Stoff ist, desto weiter muss der Stich sein. Dann schieben Sie den Stoff an einem Fadenende zusammen und kräuseln die Rüschen möglichst gleichmäßig auf den Umfang des Kissens. Die Ecken werden etwas mehr gekräuselt, damit sie sich gefälliger runden.

Sie können eine Rüsche auch akkurat in Falten legen; das ist aufwändiger und Sie benötigen die dreifache Menge Stoff.

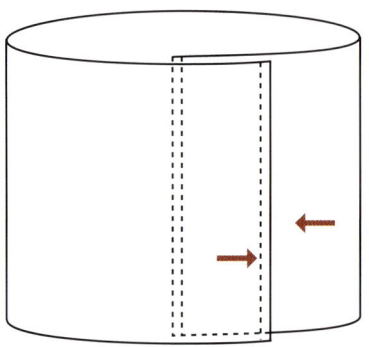

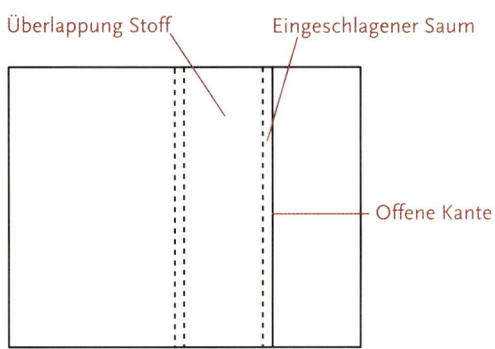

Überlappung Stoff   Eingeschlagener Saum

Offene Kante

Einsteckkissenbezug mit Hotelverschluss, auch Kofferverschluss genannt

Beim Applizieren sind Ihrer Fantasie keine Grenzen gesetzt. Verwerten Sie alte Stoffe, Reste, Borten und Bänder.

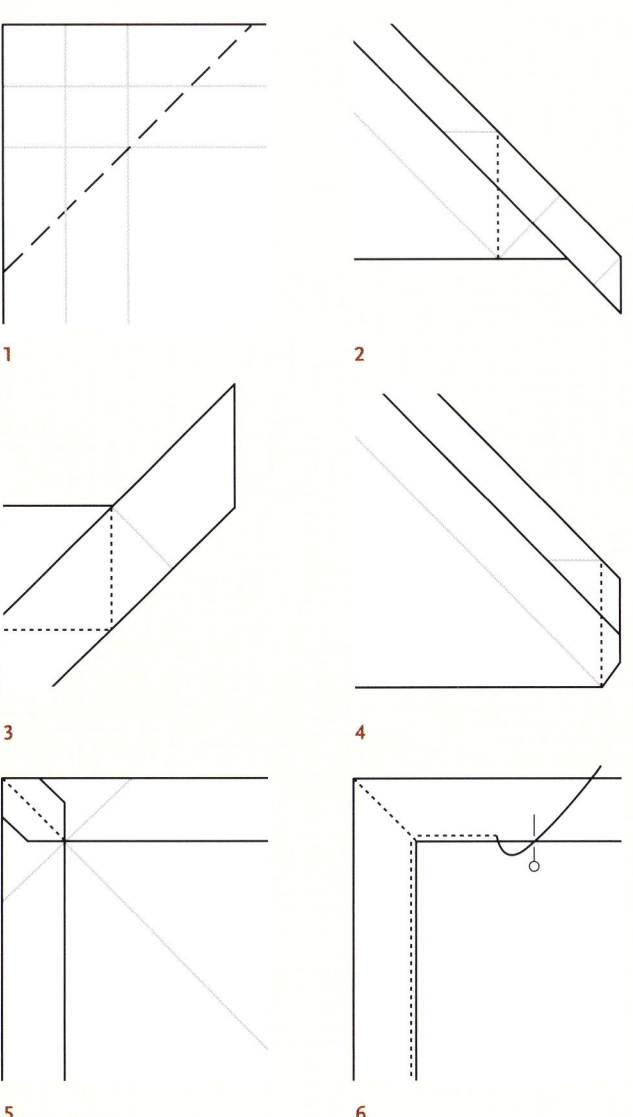

1 **2**

3 **4**

5 **6**

Nähen einer Briefecke

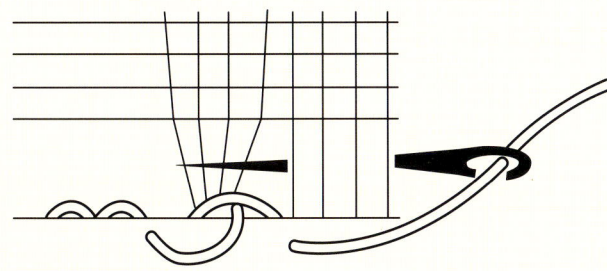

Sticken eines Hohlsaums

BIESEN: Biesen werden zur Verzierung oder zum Verkürzen eingesetzt, dabei wird der Stoff links auf links gelegt und von rechts abgesteppt, sodass eine Stoffschlaufe entsteht, die so gebügelt wird, dass sie nach unten ›hängt‹. Die eingelegten Biesen wollen wir an dieser Stelle nicht erklären.

BRIEFECKEN: Um Ecken schön zu versäubern bzw. zu säumen, ist es professionell, eine Briefecke zu legen. Anhand der Zeichnungen lässt sich erkennen, wie es gemacht wird:

Schnittkanten an beiden Seiten doppelt einschlagen wie beim eingeschlagenen Saum und bügeln, damit Knicke entstehen, an denen man sich orientieren kann (1).

Dann die Seiten diagonal aufeinander legen, sodass die Ecke geteilt wird und der Stoff rechts auf rechts liegt.

Die erste Spitze wird bis zur ersten Bruchstelle umgeknickt (2).

Die zweite Ecke bis zur zweiten Bruchstelle umknicken (3).

Dann mit einem Maßband die Schneidelinien – wie in der Zeichnung skizziert – markieren und die Ecke ausschneiden (4).

Die Seitensäume umlegen, die Ecke einklappen und absteppen (5 und 6).

HOHLSAUM: Gerade bei Tischdecken wird ein eingelegter Saum durch den Hohlsaum wirklich veredelt. Der Hohlsaum wird meistens von Hand gestickt, es gibt aber auch Nähmaschinen, die den Stich automatisiert haben.

Sie arbeiten den Hohlsaum auf der linken Seite von links nach rechts. Sie ziehen zuerst einen bis zwei Gewebefäden an der Saumkante heraus und bündeln dann die stehen gebliebenen Fäden mit einem Stickstich. Die Zeichnung zeigt das Bündeln von zwei oder vier Gewebefäden. Bei feineren Geweben können Sie auch drei oder mehr Gewebefäden bündeln, Sie müssen dann am Saum ebenfalls die gleiche Fadenzahl weitergehen.

Beim Bündeln umstechen Sie die zwei bis vier Gewebefäden, ziehen sie zusammen und befestigen den Stich in dem Saumeinschlag, so ist er auf der rechten Seite nicht sichtbar *(siehe auch Zeichnung)*.

Lampionbeutel

Wir haben den Lampionbeutel aus einem alten Kopfkissenbezug gefertigt, er lässt sich aber auch prima aus dem Stoff eines alten Kleides, z. B. mit Rosendruck, nähen.

EINGRIFF NÄHEN: Der Beutel besteht aus zwei gleich großen Kreisen. Vor dem Zuschnitt wird jedoch der Eingriff des oberen Kreises genäht. Dazu schneiden Sie das Kopfkissen in der Mitte durch, versäubern die Kanten und schließen die Naht zur Hälfte. Dabei in der Mitte eine Kordel als Aufhängung einnähen und gut feststeppen. Bei der anderen Hälfte, die die Öffnung ergibt, wird die Kante einfach umgesteppt.

ZUSCHNITT: Beide Kopfkissenteile wieder aufeinander legen und einen Kreis zuschneiden: entweder mit einer Tortenplatte oder einer entsprechend großen Schablone (Schale). Oder aber mit einem Zwirn die Mitte fixieren und in der entsprechenden Größe einen Kreis mit Schneiderkreide oder Zauberstift von Hand ziehen. Dann ist die meiste Arbeit schon getan.

NÄHEN: Die beiden Kreise rechts auf rechts am Rand zusammennähen und versäubern. Den Troddel/Bommel in der Mitte des unteren Kreises annähen.

Toilettenbeutel

ZUSCHNITT: Bodenoval in der Größe zweier Klopapierrollen plus Nahtzugabe zuschneiden.

NÄHEN: Die obere Öffnung je nach Kissenbordüre umschlagen und absteppen. Den Boden rechts auf rechts annähen, und zwar ohne die Seite zuzuschneiden, weil der Umfang des Bodens (der Ellipse) schwer zu berechnen ist. Erst dann den überschüssigen Stoff abschneiden und mit einer Kappnaht schließen. Die verbleibende Bodenlücke schließen. Den Kordelhenkel ganz annähen.

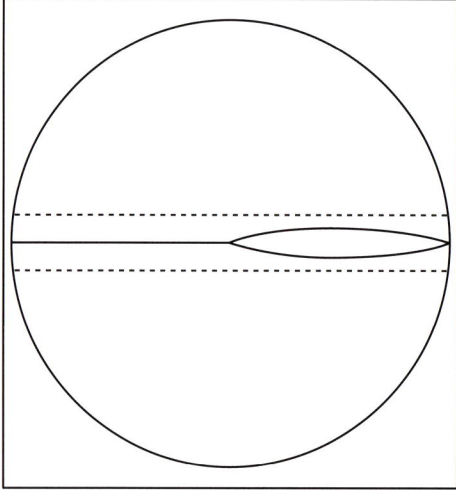

Skizze für den Zuschnitt und die Anfertigung eines Lampionbeutels: Wichtig ist, dass der Eingriff vor dem Zuschnitt eingenäht wird, sonst würde er nachträglich kleiner werden. Also erst Kopfkissen durchschneiden, Eingriff nähen und versäubern, dann beide Kreise zuschneiden.

TOILETTENBEUTEL. **Noch ein praktischer Beutel fürs Bad. Er ist ebenfalls aus einem alten Kopfkissenbezug mit einem ovalen Boden genäht – passend für vier bis sechs Rollen Toilettenpapier.**

LAMPIONBEUTEL. **Dieser praktische Lampionbeutel ist aus einem schlichten Kopfkissenbezug gefertigt. Es eignen sich aber auch alte, gemusterte Stoffe. Dafür werden zwei Kreise aufeinander genäht und auseinander gezogen.**

Strandtasche

STOFFBEDARF: ca. 50 cm bei 140 cm Breite

ZUSCHNITT: Von der Breite nehmen Sie die Henkel ab, das heißt Sie nehmen (vier-) achtmal die Breite für zwei Henkel. Wir haben die Henkel 3 cm breit gemacht und dafür 24 cm benötigt, sodass noch 50 x 116 cm Stoff für den Beutel blieben.

NÄHEN DER HENKEL: Da die Henkel der Haltbarkeit wegen (doppelt) vierfach im Stoff liegen, werden sie mittig längs an beiden Seiten nach innen eingeschlagen, gebügelt und abgesteppt.

NÄHEN DER TASCHE: Zuerst alle sichtbaren Innennähte, also die untere Längsseite und die beiden kurzen Seiten, mit Zickzackstich versäubern. Dann die ungesäumte obere Längsseite für den Kordelzug und die stabile Befestigung der Henkel umbügeln. Bei unserem Stoff, der auf der einen Seite das weiße Muster hat, auf der anderen einfarbig blau ist, bot es sich an, den Stoff nach außen zunächst 3 cm, dann 5,5 cm umzubügeln. Dort, wo der zweite Bruch auf die beiden kurzen Seiten trifft, wird später die Kordel durchgezogen. Diese beiden kurzen Seiten jeweils 1 cm nach innen einschlagen und feststeppen. Anschließend den Umschlag – wie vorgebügelt – mit Stecknadeln fixieren und den Kordelzug 2 cm breit vom oberen Bruch und den unteren Bruch bei knapp 5,5 cm absteppen.

Als nächstes werden die kurzen Seiten rechts auf rechts gelegt und unterhalb des Tunnels für den Kordelzug 1 cm breit zusammengenäht, ebenso der Boden. Direkt unterhalb des Kordelzugs ist der Stoff mit der Nähmaschine schlecht zu fassen, weil er im Kordelzug ja nach innen festgesteppt ist. Deshalb empfiehlt es sich, zur Verstärkung einen breiten und engen Plattstich einzustellen und die Seiten so sauber miteinander zu verbinden.

Für den Boden die Eckenzipfel nach innen stülpen, sodass der Zipfel auf der Bodennaht liegt. Die Bodenbreite bestimmen Sie selbst, wir haben 14 cm als komfortabel empfunden. Die Spitze dieses Dreiecks, die zur Mitte des Beutels zeigt, von innen auf dem Boden absteppen, damit sie festliegt und nicht mehr stört, außerdem schützt es die Ecken vor allzu schnellem Durchscheuern. Die von außen noch offene Seite des Dreiecks lässt sich am besten ganz schmal absteppen.

STRANDTASCHE. **Diese praktische Tasche in Beutelform können Sie natürlich auch zum Einkaufen nutzen.**

EINKAUFSTASCHE. **Diese Einkaufstasche ist superschnell aus einem Handtuch genäht, hat keinen Boden und ist ansonsten genauso genäht wie die Strandtasche.**

Zum Schluss die Henkel auf 40 cm kürzen, an beiden Enden 3 cm zur gleichen Seite umschlagen und mittig auf den 3,5 cm breiten, verstärkten Streifen unterhalb des Tunnels für den Kordelzug rundherum absteppen und ein Steppkreuz einnähen. Der innere Abstand des Henkels beträgt bei unserem Modell 15 cm.

FERTIG STELLEN: Kordel mit Stopper einziehen.

Raffrollo

In den ganz alten Bettbezügen sind oft noch wunderschöne Stickereien am Kopfende eingearbeitet. Wir wollten diese Arbeiten einmal anders als für Tischwäsche verwenden und haben ein Raffrollo daraus genäht.

ZUSCHNITT: Bezug auftrennen und in Fenstergröße zuschneiden. Ist der Stoff zu schmal, lässt er sich z. B. durch angenähte Spitze oder einen Rahmen aus farbigem Stoff verbreitern. Ist das Fenster schmaler als der Spitzeneinsatz, hilft ein Klett-Kräuselband. In diesem Fall entstehen – je nachdem, wie stark der Stoff gekräuselt ist – mehr oder weniger große Bögen unten am Rollo, weshalb es auch ›Wolkenraffrollo‹ genannt wird.

MATERIAL:
- Klettband in der Raffrollobreite (bzw. Kräuselband, das sich in der Stoffbreite kletten lässt).
- Ösenband: 3-mal die Länge bis zur Stickerei. Um der Stickerei bei diesem Tuch nicht die Schönheit zu nehmen, haben wir das Ösenband in diesem Bereich ausgespart. Das hat auch zur Folge, dass sich das Rollo nicht ganz hochziehen lässt.
- Zugbänder: 3-mal die gesamte Länge plus 3-mal die halbe Breite (für die Querführung) plus der Länge, die sie herunterhängen, um das Rollo zu bedienen. (Bei uns ist der Bettbezug 1,55 m breit und 2,00 m lang, so haben wir 11 m Zugband und 5,4 m Ösenband verbraucht.)
- Holzleiste zur Befestigung und Stab zur Stabilisierung
- Ösenschrauben
- ggf. Plastikringe

RAFFROLLO. **Die wunderschönen Stickereien eines alten Bettbezugs kommen in diesem Raffrollo besonders gut zur Geltung.**

Nähen: Ist eine Veränderung der Breite des Stoffes nötig, nehmen Sie diese zuerst vor und versäubern ggf. die Kanten. Da hier die Breite gepasst hat, haben wir die Webkante so gelassen und damit den rustikalen Charakter des Rollos unterstrichen.

Sie nähen den Tunnel für den Stab zum Beschweren – entweder einen breiten Saum ganz am Ende oder etwas höher eine Biese. Dazu den Stoff rechts auf rechts legen und so breit absteppen, dass der Stab sich bequem durchschieben lässt.

Dann nähen Sie die Ösenbänder an den Kanten und in der Mitte auf. Wir haben die Stickerei nicht durchgesteppt, sondern ein gutes Stück unterhalb angenäht. Sie sollten unbedingt darauf achten, dass die Ösen auf gleicher Höhe liegen. Wenn Sie sich für eine Biese entschieden haben (durch die Sie den Stab schieben), sieht es gefälliger aus, nicht an der Biese direkt mit einer Öse zu beginnen, sondern mit etwas mehr Abstand.

Klettverschlussband mit der weichen Klettseite (lässt sich besser waschen) auf der linken Seite am oberen Ende des Raffrollos mit dem einmal umgeschlagenen Saum festnähen.

Den Saum am unteren Ende des Raffrollos versäubern und umschlagen oder eine Ziernaht als Abschlusskannte auswählen.

Fertig stellen: Wenn die erste Öse nicht direkt an der Biese liegt, nähen Sie dort kleine Plastikringe an, um das Zugband anzuknoten oder mit kleinen Karabinerhaken zu befestigen (das erleichtert das Abnehmen der Bänder vorm Waschen). Beim Einfädeln der Bänder lassen sie dann die erste Öse des Ösenbandes aus, sodass die erste Falte später etwas größer fällt und einen gefälligen Übergang zwischen Biese und den anderen Falten bildet.

Das Raffrollo ist mit dem Klettband auf einer Holzleiste geklettet, die an der Fensteroberseite angebracht wird. Wenn Sie zwei kleine Ösenschrauben rechts und links in die obere Schmalseite drehen und sie auf Nägel hängen, können sie das ganze Rollo später bequem abnehmen und nach dem Waschen wieder zusammenfügen In die untere Schmalseite der Leiste müssen ebenfalls noch Ösenschrauben im Abstand der Ösenbänder angebracht werden, durch die die drei Zugbänder zusammenlaufen (damit das Raffrollo nicht auf halber Höhe auch längs gerafft wird).

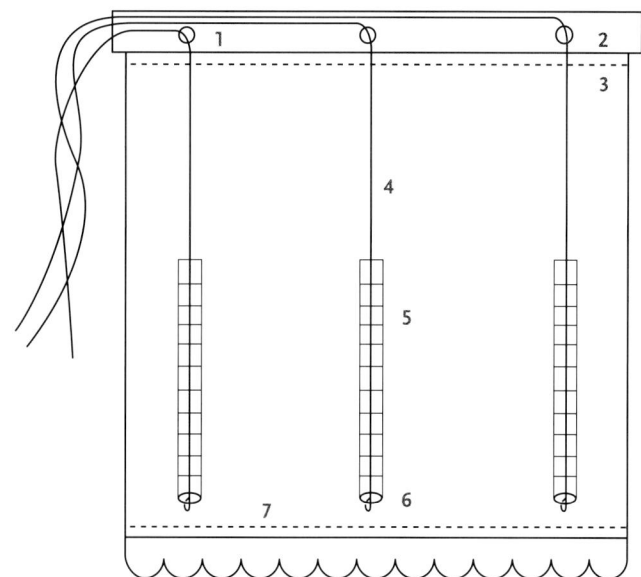

Raffrollo:

1 eingeschraubte Metallösen/Ösenschrauben

2 Holzleiste mit rauer Klettseite beklebt

3 weiche Seite des Klettbandes

4 Zugbänder

5 Ösenband mit Ösen auf gleicher Höhe

6 Plastiköse von Hand angenäht

7 Biese für den Holzstab

RECHTE SEITE: SCHLEIFENBANDGARDINE.
Diese lustige und superleichte Fenster-
gardine haben wir aus Schleifenbandresten
gefertigt: farblich passende Schleifenbänder in
verschiedenen Längen zuschneiden, oben
zum Einschieben der Stange doppelt einschlagen und festnähen oder -tackern (nähen
ist natürlich schöner) und mit Caféhaus-
gardinenstangen aufhängen.

Durchbruchgardinen

Eine glanzvolle Alternative zur Tischdecke sind Durchbruchgardinen aus alten Leinenbettlaken, gerade wenn Sie noch mehrere Aussteuerexemplare zur Verfügung haben.

HINWEIS: Stoff und Spitze müssen vorher gewaschen werden, damit die Nähte nicht wellig werden.

ZUSCHNITT: Leinenbettlaken dreimal oder nach Belieben bzw. Fensterform durchschneiden. Auch die Höhe der Durchbrüche sollten nach den Fenstermaßen, -typen bzw. -sprossen festgelegt werden. Wenn genug Stofflänge vorhanden ist, empfiehlt es sich, die Spitze einfach auf den Stoff aufzunähen und dann den überflüssigen Stoff abzuschneiden.

NÄHEN: Die Durchbrüche, das heißt die Spitzeneinsätze, zwischen zwei Leinenabschnitte einnähen. Wir haben echte Plauener Spitze ausgesucht, die sehr filigran ist. Deshalb haben wir die linke Spitzenseite auf die rechte Bettlakenkante gelegt, festgesteckt und mit einem sehr feinen Zickzackstich abgesteppt, sodass in einem Arbeitsgang auch die Bettlakenkante versäubert war. Bei Spitzen mit Rundungen werden die Rundungen nachgesteppt und danach wird der überstehende Stoff dicht an der Naht abgeschnitten. Wir haben alle Kanten zweimal im Zickzackstich abgesteppt in einem Abstand von 0,3–0,5 cm, damit alles besser hält und die Spitze nicht ausreißt.

Gardinenband mit einem Köpfchen annähen, das heißt: mit einer größeren Umschlagkante, die dann durch das Kräuselband gekräuselt wird, etwas übersteht und die Gardinenröllchen verdeckt.

Saum: Je nach gewünschter Länge kürzen Sie die Bettlaken mit einem entsprechenden Saum, schneiden ein Stück ab oder steppen Biesen ab. Bei eventueller Verlängerung nähen Sie unten noch Spitze an, oder erhöhen die Anzahl der Spitzendurchbrüche.

FERTIG STELLEN: Gardinenband kräuseln, Ringe einziehen und aufhängen.

Einfache Leinen- oder Bettlaken kann ohne großen Aufwand mit Gardinenclips raffiniert aufhängen *(siehe auch Zeichnungen)*.

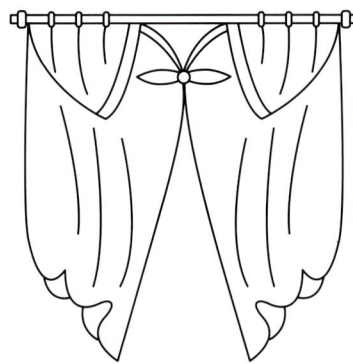

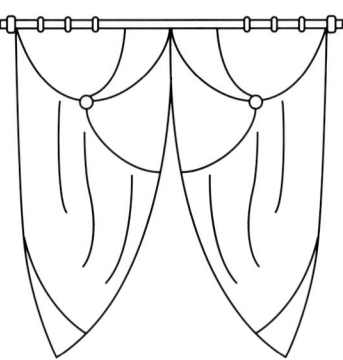

Mit Hilfe von Gardinenclips lassen sich alte Bettlaken in verschiedener Art und Weise raffiniert aufhängen.

Durchbruchgardinen. **Aus alten Leinenbettlaken wurden glanzvolle Durchbruchgardinen. Das Besondere sind die Spitzeneinsätze zwischen zwei Leinenabschnitten,** durch die das Licht besonders schön fallen kann.

Leinentischdecke

Diese Tischdecke ist eine geniale Idee – und dabei kinderleicht nachzu-arbeiten, weil nur die Leinenbahnen gesäumt und Klettverbindungen aufgenäht werden müssen. Durch die Anzahl der Stoffbahnen ist die Decke beliebig verlängerbar und gleichzeitig einfach zu verkürzen, was sie gerade bei ausziehbaren Tischen ausgesprochen variabel macht: Man klettet eben noch eine Bahn an oder lässt eine Bahn weg.

Aufpassen muss man nur, dass die Bahnen so auf dem Tisch lie-gen, dass sie nicht ausgerechnet an den Tischenden entweder zu knapp überhängen oder so viel überhängen, dass sie wegrutschen. Mit den Ab-ständen zwischen den Bahnen lässt sich aber einiges variieren.

Die Schleifen oder auch floristische und andere textile Klettverbin-dungen erzielen je nach Saison eine völlig andere Optik. Vielleicht fin-det sich ja auch eine Klettdekoration passend zum Geschirr.

Statt der Klettverschlüsse lassen sich natürlich auch andere »Ver-bindungstechniken« umsetzen: Knöpfe, Haken und Ösen, Druck-knöpfe oder eingeschlagene Metallösen, durch die Bänder gezogen werden – Ihnen fällt da vielleicht noch einiges mehr ein.

ZUSCHNITT: Tischbreite plus 2-mal die Überfalllänge zuzüglich Nahtzu-gabe. Unser Ballenleinen lag 70 cm breit, die Bahnenzahl richtet sich nach der Tischlänge und auch nach der zur Verfügung stehenden Bal-lenbreite. Bei einem Esstisch verbindet eine Bahn idealerweise zwei ge-genüberliegende Plätze, sodass für das Maß auch die Stuhlbreite nicht unwichtig ist.

Leinen lässt sich hervorragend in allen Farben färben. Die Textilfarben gibt es in der Drogerie und man kann das Färben gut in der Waschmaschine durchführen. Unsere Decke aus Handtuchleinen wirkt in Dunkelblau viel rustikaler als in Weiß. Sie können also auch mit Farbe ganz leicht schöne Effekte erzielen.

TISCHDECKE. **Diese Tischdecke ist kinderleicht nachzuarbeiten, weil die Leinenbahnen nur gesäumt und die Klettverbindungen aufgenäht werden müssen.**

Praktisch ist, dass die Decke mit der Anzahl der Stoffbahnen beliebig zu verlängern oder zu verkürzen ist.

NÄHEN: Die Seiten sind durch die Webkante (Selfkante) schon fertig. Sie säumen die Bahnenenden. Wir haben den Saum 7 cm breit gemacht und mit einem Hohlsaum versehen.

Die Bahnen werden mit gekletteten Schleifen bzw. geknoteten Bändern zusammengehalten, die wir aus altem Bettzeug genäht haben. Besonders schön wirken Stoffservietten aus dem gleichen Stoff. Je nach Tischbreite benötigen Sie zwei oder auch drei Schleifen, um zwei Bahnen zu verbinden. Sinnvoll ist es vielleicht, die Tischmitte frei von Schleifen zu lassen, damit Platten und Schüsseln mehr Platz haben.

Wir haben 1,5 cm breites Klettband jeweils viereckig abgeschnitten und die flauschige Seite auf die Decke/Leinenbahnen genäht, weil sie sich besser waschen lassen. Die harte Klettseite haben wir auf die Schleifenunterseite genäht.

Für die Schleifen haben wir das karierte Bettzeug in 5 cm breite und 25 cm lange Streifen zugeschnitten und gekettet. Wenn sie – noch einfacher – fertiges Schleifenband aus Leinen oder Baumwolle verwenden, sollten sie darauf achten, dass es möglichst beidseitig bedruckt ist, das macht das Knoten bzw. Binden der Schleife leichter. Wir haben zwei Streifenenden miteinander verknotet, für gebundene Schleifen müssen die Streifen länger sein.

SCHLEIFEN FÜR TISCHDECKE.
Für die Schleifen haben wir hier kariertes Bettzeug verwendet. Andere Stoffe erzielen eine andere Wirkung.

GELBE SOMMERDECKE. Für eine sommerlich-frische Gartentischdecke haben wir vier rechteckige Geschirrtücher wie eine Windmühle zusammengelegt und sie miteinander durch Schleifen verbunden. Je nach Tischgröße lassen sich beliebig viele Geschirrtücher miteinander verbinden.

Die Bänder dafür sind ebenfalls aus Geschirrhandtüchern geschnitten, gekettelt und an den Tüchern festgesteppt. Alternativ sind hier auch Klettverbindungen denkbar, um die Bänder auszutauschen.

Variable Tischdecken zum Hochknöpfen

Eine fertige quadratische oder rechteckige Tischdecke lässt sich schnell und einfach für einen runden oder ovalen Tisch umfunktionieren, indem die Ecken hochgeknöpft werden. Eine rechteckige Decke lässt sich auch so hochknöpfen, dass sie auf einen runden Tisch passt. Die hochgeknöpften Ecken sind dann asymmetrisch, was aber ebenso interessant wirkt.

Wir stellen Ihnen drei Varianten zum Hochknöpfen vor, dabei lässt sich das Prinzip sicherlich noch in allerlei Richtungen weiterdenken.

Rechteckige Decke mit Schleifen hochkletten

Die einfachste Variante ist, eine schlichte durchgefärbte Decke mit Schleifen oder anderen Accessoires hochzukletten. Das erfordert den geringsten Aufwand und ist schnell gemacht.

Sie legen die Decken ausgebreitet hin und knicken die Ecken auf die erforderliche Größe nach außen um. Messen Sie die Ecken alle gleich aus, dann wird es symmetrisch. Markieren Sie mit einer Stecknadel die geplante Position der Klettverschlüsse und nähen ein kleines Quadrat der flauschigen Seite auf.

Die raue Seite nähen Sie jeweils auf die Ecke, damit sie sich hochkletten lässt. Dann drehen sie die Decke um und nähen in allen vier Ecken nochmals die flauschige Seite des Klettbandes, um die Schleife daran befestigen zu können. Wenn sie mit der Hand nähen, können sie auch beide Stücke in einer Ecke in einem Arbeitsgang befestigen. Nun brauchen sie nur noch die raue Seite des Klettbandes an die Schleife oder andere Dekoration nähen oder kleben.

RECHTECKIGE DECKE MIT SCHLEIFEN HOCHKLETTEN.

Die einfachste Variante ist, eine schlichte durchgefärbte
Decke mit Schleifen oder anderen Accessoires hochzukletten.
Das erfordert den geringsten Aufwand und ist schnell gemacht.
Wir haben eine rechteckige Tischdecke asymmetrisch hoch-
geklettet und mit weihnachtlichen Schleifen dekoriert.

Karierte quadratische Decke zum Hochknöpfen (und Sternchendecken)

Diese Decke besteht aus einem alten Betttuch als Unterdecke und einer Oberdecke, die hier aus neuem Stoff ist. Um die Ecken hochknöpfen zu können, sind auf die weiße Decke vier Knöpfe und in die Ecken vier Knopflöcher genäht. Wenn die Oberdecke etwas kleiner ist als die Unterdecke, kann man bei ihr auf die Knopflöcher in den Ecken verzichten; keinesfalls jedoch auf die Knopflöcher an den Stellen, wo auf der Unterdecke die Knöpfe aufgenäht sind. Auf diese Knöpfe werden zunächst die Oberdecke, dann die Ecken der Unterdecke und zum Schluss ein Dekorationselement, hier eine Blume, aufgeknöpft.

ZUSCHNITT: Unsere fertige karierte Decke ist 1,44 x 1,44 cm groß, die weiße Unterdecke ist mit 156 x 156 cm etwas größer.

NÄHEN: Wir haben die Oberdecke neu genäht und mit Paspelband versäubert. Die Ecken sind abgerundet, weil wir das noch gefälliger fanden. Dazu legen sie einen Teller in die Ecke, sodass er beide Seiten berührt und übertragen die Rundung mit Kreide.

Die weiße Unterdecke ist aus einem alten Bettbezug passend dazu genäht, mit weißem Satinband versäubert und an den Ecken ebenfalls abgerundet.

In jede Ecke ca. 6 cm diagonal vom Rand der Unterdecke Knopflöcher einnähen.

Je nach Tischmaß hat die karierte Oberdecke passend dazu in jeder Ecke einen Knopf. Bei uns beträgt der Abstand ca. 40 cm diagonal von der Ecke, sodass die Ecke hochgeklappt 30 x 30 cm ist.

Für die aufgeknöpfte Dekoration (Schleife, Blume, Stern ...): Muster aus Pappe ausschneiden, auf den doppelt gelegten Stoff mit Schneiderkreide aufzeichnen und mit 1 cm Nahtzugabe ausschneiden. Entweder auf Volumenvlies (Wattevlies) aufbügeln oder später mit Bastelwatte füllen.

Beide Musterteile (Blume, Stern, Schleife ...) aus Stoff rechts auf rechts bis auf eine kleine Nahtöffnung zum Wenden (Verstürzen) zusammennähen.

Die Innenbögen müssen bis kurz vor die Naht eingeschnitten werden, damit sich nichts verzieht.

Dann wenden, mit Bastelwatte ausstopfen und die Nahtöffnung von Hand schließen.

Knopfloch in die Mitte nähen (oder auch Klettverschluss, aber zu viele Klettverschlüsse übereinander sind zu dick und instabil).

FERTIG STELLEN: Beide Decken übereinanderlegen und mit der genähten Dekoration hochknöpfen.

RECHTS: KARIERTE QUADRATISCHE DECKE ZUM HOCHKNÖPFEN UND STERNCHENDECKEN. **Beide Decken lassen sich auch solo verwenden. Passend dazu haben wir noch zwei Kissen mit Hotelverschluss genäht und auch hier die wattierten Blumen aufgeknöpft.**

UNTEN: STERNCHENDECKE. **Eine völlig andere Wirkung erzielt man trotz derselben Unterdecke mit anderen Knopf-Accessoires und Stoffen, wie unser Beispiel mit der silber-transparenten Oberdecke zeigt.**

Wenn Sie die Decke neu nachnähen, können Sie zwei verschiedene, aber von den Farbtönen zueinander passende Stoffe miteinander kombinieren. Sie nähen die beiden Stoffe rechts auf rechts zusammen und wenden sie durch eine kleine Nahtöffnung, die Sie von Hand schließen.

Sie können aber auch beide Stoffe mit Paspelband links auf links zusammennähen. Mit Klettverschluss oder Knopf die andersfarbige oder -gemusterte Ecke hochstecken.

Kissen und Kleidung

Wir haben aus alten Mehlsäcken Kissen und Kleidung gefertigt.

Sitzkissen mit eingenähtem Boden

Dieses Sitzkissen ist denkbar einfach nachzunähen, weil wir den Mehlsack so gelassen haben, wie er war, und vor dem Befüllen nur einen Boden eingenäht haben. Die Beschreibung des eingenähten Bodens finden Sie auf Seite 54. Danach den Sack befüllen und oben mit der vorhandenen Bindetechnik zubinden. So ein Sitzkissen ist klasse vor dem Kamin oder auf dem Kachelofen, auf der Telefonbank oder im Kinderzimmer.

Mehlsackkissen mit Rüschen

Wir haben für die Kissen eine Größe von 47 x 47 cm festgelegt und die Vorderseite entsprechend mit jeweils 1,5 cm Nahtzugabe zugeschnitten. Die Rückseite hat einen Reißverschluss und deshalb einen Zuschnitt von 47 x 50 cm mit jeweils 1,5 cm Nahtzugabe. Sie schneiden die Rückseite auf der Höhe, wo der Reißverschluss eingenäht werden soll, noch einmal quer durch, etwa ein Drittel zu zwei Dritteln.

NÄHEN: Die Kanten, an denen der Reißverschluss eingenäht werden soll, versäubern, dann 1,5 cm umschlagen und bügeln.

Den Reißverschluss verdeckt einnähen und an beiden Seiten mit einem Steppstich ordentlich verriegeln. Den Reißverschluss schließen *(siehe Seite 53)*.

Die Rüschen (Stehsaum) nähen: einen 10 cm breiten weißen Baumwollstreifen (evtl. aus einem Betttuch) ca. 2,50–3,00 m lang zuschneiden, den Sie möglicherweise stückeln. Den Streifen der Länge nach in der Mitte umknicken, bügeln und vorab zu einem Schlauch zusammennähen.

Rüschen kräuseln: Dazu nähen Sie an der Innenkante mit einem Steppstich mit weitem Stichabstand die ganze Länge ab. Je gröber der Stoff ist, desto weiter muss der Stich sein. Dann schieben Sie den Stoff an einem Fadenende zusammen und kräuseln die Rüschen möglichst gleichmäßig auf den Umfang des Kissens. Die Ecken werden etwas mehr gekräuselt, damit sie sich gefälliger runden.

Die Kissenvorderseite und Kissenrückseite mit den Rüschen, die nach innen in die beiden Kissenseiten eingelegt werden, rechts auf rechts zusammennähen. Die Ecken werden beim Nähen abgerundet. Zum Schluss die vier Seiten mit Zickzackstich versäubern.

Selbstverständlich können Sie auch mit normalem Leinen »Mode« machen. Zeitlos schön sind Rock und Top. Stickereien machen solch außergewöhnliches Stück erst richtig wertvoll *(siehe Foto und Skizzen)*.

MEHLSACKKISSEN MIT RÜSCHEN UND SITZKISSEN MIT EINGENÄHTEM BODEN. **Robust und charmant kommen diese Kissen daher.**

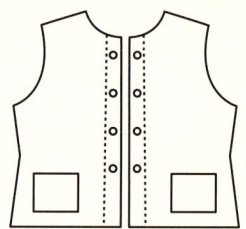 

WESTE. **Aus einem alten Mehlsack haben wir die schöne Weste genäht. Den Sack haben wir einige Tage gewässert, damit die schwarze Schrift auswaschbar wird, dann in der Maschine normal gewaschen, getrocknet, gebügelt und zugeschnitten.**

Wir haben darauf geachtet, dass beim Zuschnitt in der Mitte des Rückens ein Streifen läuft und an den Vorderteilen jeweils neben der Knopfleiste ein Streifen. Die Reste reichten dann noch für Taschen aus. Die Weste ist mit einem blau weißem Baumwollstoff gefüttert, die Knöpfe sind an beiden Seiten angenäht und die Weste kann mit einer blauen Kordel geschlossen werden.

Vorlage für Ranken-Stickerei auf dem Leinentop

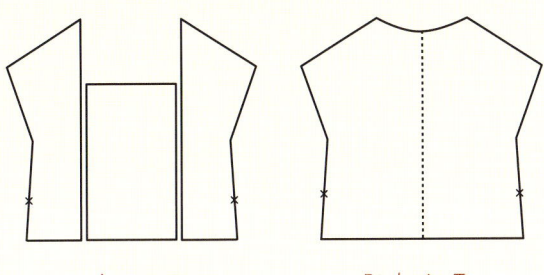

Vorderseite Top   Rückseite Top

LEINENTOP. **Dieses einfache Top können Sie ganz schnell nähen. Das Betttuch hatte ein Monogramm. Wir haben darauf geachtet, dass es am Ausschnitt genau in die Mitte kommt.**

Darunter haben wir eine Ranke gestickt. Das Vorderteil besteht aus drei Teilen, der Rücken hat nur eine Mittelnaht.

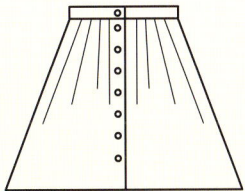

LEINENROCK. **Aus altem handgewebten Leinen lässt sich nicht nur Tischwäsche arbeiten, sondern auch Mode kreieren. Wir haben einen Trachtenrock genäht, den auch die ungeübte Schneiderin leicht nachnähen kann. Der Rock hat vorne und hinten auf jeder Seite vier eingelegte Falten und ist vorn geknöpft. Jedes Knopfloch haben wir mit einer anderen Farbe verstürzt. Der Rock ist ganz gefüttert.**

Kissen und Accessoires mit Applikationen

Es kommt nicht selten vor, dass sich noch alte Namenslitzen, Bordüren, Rüschen oder einfach nicht mehr zu flickende Spitzendecken finden. Bloß nicht wegwerfen! Wir haben eine schöne Verwendung für solche kleinen Reste gefunden, allerdings erfordert die Verarbeitung etwas Geduld und vielleicht auch ein wenig mehr Erfahrung in der Nähkunst. Wir fanden die Idee aber so süß, dass wir sie Ihnen nicht vorenthalten wollen.

Kariertes Einsteckkissen

ZUSCHNITT: 40 x 100 cm, zuzüglich Nahtzugabe an allen Seiten.

NÄHEN: Die Rückseite mit Hotelverschluss versehen *(siehe Seite 54)*. Die Bordüren glatt aufsteppen. Die Rüschen erst auf einen zusätzlichen Stoffstreifen mit einem kleinen Zickzackstich aufnähen, damit auch die Innenseite sauber ist. Die Seiten rechts auf rechts schließen und wenden.

Herzchenkissen

Der Zuschnitt ist der gleiche wie bei dem karierten Kissen, auch der Hotelverschluss ist identisch. Zuerst die Vorderseite mit dem Herz fertig nähen, dann erst das Kissen fertig stellen.

HERZ UNTERLEGEN: Für das ausgeschnittene Herz haben wir vorab eine Schablone aus Pappe gefertigt, die wir auf das Leinen gelegt, mit Kreide markiert und ausgeschnitten haben. Bei der Größe des Herzes ist darauf zu achten, dass es ausgeschnitten aus dem Kissen ja noch größer wird, weil die Stoffränder umgelegt und versäubert werden.

Als Unterlage haben wir deshalb ein entsprechend größeres Herz ausgeschnitten und auf den Stoff alle möglichen Stoff- und Bordürenreste, Namenlitzen und was sich sonst noch so fand und passend wirkte, appliziert.

Dann das applizierte Herz unter die ausgeschnittene Kissenseite legen und die Ränder des ausgeschnittenen Herzes einfach ganz klein umschlagen. Von oben an der Herzkante entlang nähen.

Dann das Kissen wie beschrieben mit Hotelverschluss fertig nähen.

Namenslitzen, Stoffreste aus Spitzendecken, Bordüren und altes Leinen haben wir bunt gemixt und appliziert.

HERZCHENKISSEN UND KARIERTES EINSTECKKISSEN.
Der Materialmix für die ausgefallenen Applikationen kann
auf die unterschiedlichsten Objekte übertragen werden.
Wir haben Kissen, Herzchen und Eierwärmer genäht, aber
auch Mitteldecken und Teehausgardinen lassen sich so
zaubern.

Herzchen

ZUSCHNITT: Schablone aus Pappe fertigen, Leinenstücke herzförmig zuschneiden.

NÄHEN: Wir haben die Herzseiten unterschiedlich gestaltet und nur die Vorderseite reichhaltig appliziert, also Bordüren, Spitzen und karierte Stoffreste auf eine Herzunterlage aufgenäht.

Die beiden Herzseiten rechts auf rechts bis auch eine kleine Nahtöffnung zum Wenden zusammennähen. Alle Rundungen bis kurz vor die Naht einschneiden, ausbügeln und umstülpen. Mit Bastelwatte füllen und die Nahtöffnung von Hand schließen.

Eierwärmer

ZUSCHNITT: Das Fertigmaß ist ein Säckchen von 8 x 10 cm ohne Rüschen. An allen Seiten kleine Nahtzugabe dazugeben.

NÄHEN: Wie bei den anderen Applikationen haben wir auch auf die Eierwärmer Litzen und Spitzen appliziert und die untere Kante mit Rüschen versehen *(Rüschenbeschreibung siehe Seite 54)*.

FERTIG STELLEN: Den oberen Teil des Säckchens mit einer Kordel abbinden, so entsteht die Passform für das Ei.

EIERWÄRMER. **Auf die Eierwärmer in Säckchenform sind Litzen und Spitzen appliziert. Die richtige Form bekommen sie, wenn sie oben zusammengebunden werden.**

Ordnerhüllen

Eine raffinierte Idee, einfache Aktenordner zum Beispiel für die gesammelten Rezepte oder auch Fotos zu verschönern, sind selbst genähte Ordnerhüllen. Auch hier lässt sich altes Leinen gut verwenden, aber auch alte Blaudruck- und Westfalenstoffe sehen hübsch aus.

ZUSCHNITT: Ordner ausmessen: Vorderseite plus Rückseite plus Ordnerrücken plus Nahtzugabe ergibt den Stoffbedarf für die Außenseite. Für die Innenseite müssen Sie noch 2 x ein Drittel der Vorderseite für den Einsteckumschlag dazurechnen.

NÄHEN: Den Stoff der Vorderseite auf Wattevlies (Volumenvlies) aufbügeln. Die Applikationen aufnähen, wir haben ein Blumen- und ein Tiermotiv ausgewählt. Die Kanten des Einsteckumschlags einfach umschlagen und versäubern.

Den Stoff der Vorderseite rechts auf rechts mit den drei Innenstoffteilen zusammennähen. Durch die geöffneten Schlitze des Einsteckumschlags alles rechts wenden.

ALTERNATIVE: Sie können auch den Vorderstoff etwas aufwändiger komplett füttern und in die geöffneten Seiten extra Einsteckumschläge einnähen und mit einer Ziernaht rundherum aufsetzen.

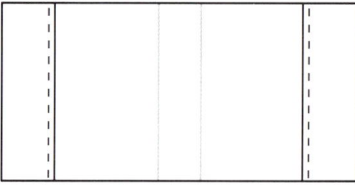

Ansicht der Innenseite der Ordnerhülle mit den zwei Einsteckumschlägen. Die Maße ergeben sich aus der Größe des Ordners inklusive der Breite des Rückens.

HERZCHEN. **Wir haben nur die Vorderseite appliziert, also Bordüren, Spitzen und karierte Stoffreste auf eine Herzunterlage aufgebracht.**

ORDNERHÜLLEN. **Einfache Ordner mit besonderem Inhalt werden durch Hüllen aus Stoff verschönert, zum Beispiel eine Sammlung von Kochrezepten. Hierfür kann man zum Beispiel altes Leinen verwenden, aber auch alte Blaudruck- und Westfalenstoffe machen sich gut.**

Die kleine Lehre des Stickens

Für die alten handgewebten Leinen, die wir in diesem Buch besonders herausstellen, eignet sich vor allem die Schwälmer Stickerei. Das alte Leinen ist meistens sehr fein gewebt und hat zwischen 16 und 22 Gewebefäden pro Quadratzentimeter. Bei der Hardanger-Stickerei be-nötigt man beispielsweise 8–12-fädiges Leinen, damit die 4-fädigen Durchbrüche wirken.

Die Schwälmer Stickerei ist nach einem Landstrich in Hessen – der Schwalm – benannt. Diese kostbare Stickerei hat mit den typischen Motiven wie Tulpe, Herz, Sonne, Vögel und Blüten eine ganz besondere Symbolik. Sie wird meistens Weiß in Weiß gearbeitet und lässt eine Ähnlichkeit zur Ajour-Stickerei erkennen. Sie wird daher auch der Weißstickerei zugeordnet.

Sonne   Tulpe

SYMBOLE DER SCHWÄLMER STICKEREI. **Die Schwälmer Stickerei hat ihre besondere Symbolik: Die Sonne steht für Lebensfreude und Wärme, die Tulpe für wieder erwachtes Leben, Frühling. Der Granatapfel ist ein Fruchtbarkeits-Symbol, die Blätter stehen für Zeugung – Leben – Tod, die geschwungene Linie für ewiges Leben, der Krummstab für verantwortungsvolle Führung und Leitung, der Blumenkorb ebenfalls für Fruchtbarkeit, Quelle des Lebens. Die Taube steht für den Heiligen Geist und ist das Symbol für Frieden.**

Erforderliches Stickgarn für Schwälmer Stickerei

Stichart	Garnart
Holsaumstich und Befestigung der Gewebefäden	Spitzengarn 80
Kästchenhohlsaum	Vierfachgarn 25 (30)
Erbslochhohlsaum	Vierfachgarn 20 (25)
Stopfhohlsaum	Vierfachgarn 20 (25)
Kettenstich	Vierfachgarn 20 (25)
Knötchenstich	Vierfachgarn 20 (25)
Grundstich	Vierfachgarn 25 (30)
Füllstiche wie Röschenstich, gestopfter Durchbruch	Vierfachgarn 20 (25)
Plattstich	Vierfachgarn 20 (25)
Schlingenstich, Schnürloch	Vierfachgarn 20 (25)

Die in Klammern angegebenen Nummern beziehen sich auf feines Leinen (21 Gewebefäden auf 1 cm).

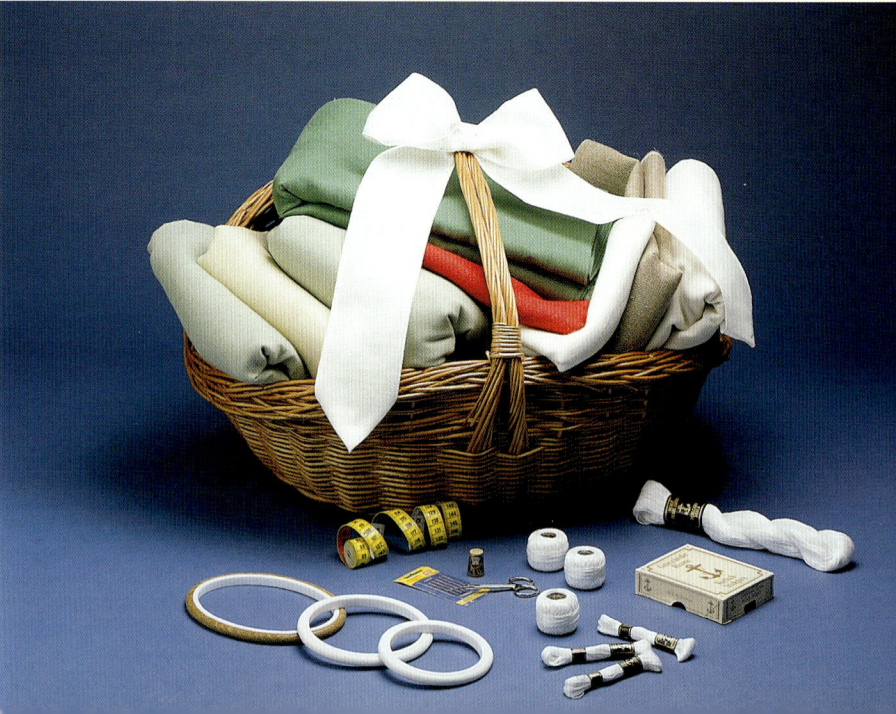

Granatapfel

Blätter

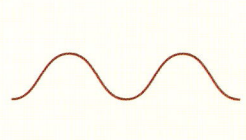

geschwungene Linie

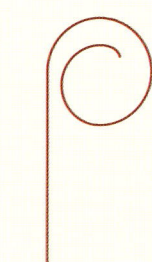

Krummstab

Blumenkorb

Taube

LICHTES MUSTER (RECHTS OBEN) UND LIMITMUSTER (RECHTS UNTEN).
Auf unserem Lampenschirmbezug von Seite 38 haben wir ein
Schwälmer Muster verwendet. Nebenstehend sehen Sie das Motiv
im Grundmuster, das auch »lichtes Muster« genannt wird (oben).
Darunter finden Sie das Motiv im »Limitmuster« ausgeführt. Die
Erklärung zu den Gewebemustern finden Sie auf der folgenden Seite.

Die Schwälmer Stickerei ist immer fadengebunden und die Motive werden vorgezeichnet. Allerdings müssen Sie darauf achten, dass das Leinen in Kette und Schuss die gleiche Fadenzahl hat, sonst ist Ihr Stickfeld nicht quadratisch und sieht nicht so gut aus.

Das Grundprinzip der Schwälmer Stickerei ist die verzierte Durchbrucharbeit. Dazu wird das Leinen »ausgedünnt« oder klargelegt, wie es für das betreffende Muster erforderlich ist. So zieht man zum Beispiel für ein Grundmuster – das so genannte »lichte Muster« – zwei Gewebefäden aus, zwei Fäden bleiben stehen und so weiter, bis das Muster in beide Richtungen klargelegt worden ist. Dieses Gitter wird mit dem Grundstich wieder umstickt *(siehe Fotos auf Seite 81)*.

In dieses befestigte Gewebefeld sticken oder stopfen Sie Ihr ausgewähltes Muster (Tulpe, Herz ...) ein. Sie dürfen die Fäden dabei nicht zu fest anziehen, weil sich die Stickerei sonst verformt.

Ein weiteres Gewebemuster ist das »Limitmuster«: Bei diesem Muster ziehen Sie z. B. einen Faden heraus, lassen drei Gewebefäden stehen und ziehen einen Faden wieder heraus usw., bis ihre Umrandung in beide Richtungen gezogen ist. In dieses Muster/Gewebegitter sticken Sie dann ein Muster mit Rosen-, Wickel- oder Waffelstich.

Die Anzahl der gezogenen Fäden und der stehen bleibenden Fäden richtet sich immer nach dem ausgesuchten Muster. Das Gewebegitter ist unendlich variabel, man kann mit den herauszuziehenden und stehen bleibenden Fäden puzzeln und neue Muster erfinden.

Die Blütenstiele oder Ranken der Schwälmer Muster werden immer im Knötchenstich gestickt *(siehe auch Zeichnung Seite 84)*, da die Schwälmer Stickerei keine Stielstiche kennt. Die Blättchen werden beispielsweise immer im Plattstich gearbeitet.

Rosenstich

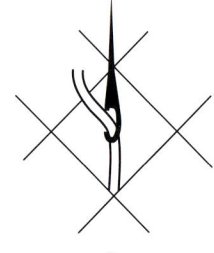

1

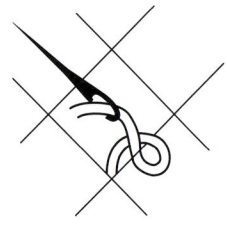

2

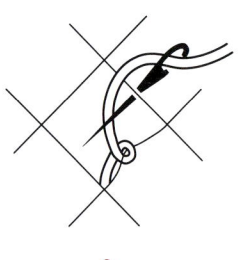

3

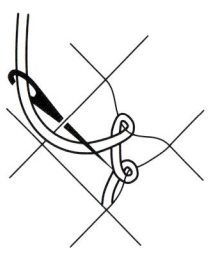

4

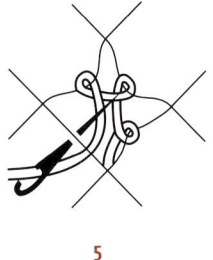

5

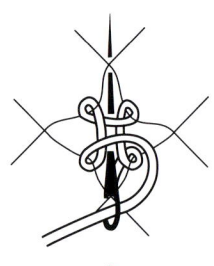

6

Wickelstich

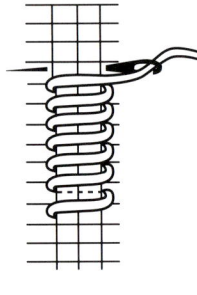

1

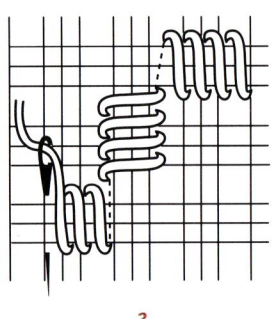

2

Waffelstich

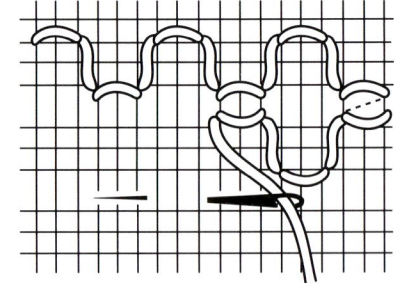

BETTTUCHDECKE. Die alten, meistens noch nicht gebrauchten Leinenbetttücher brauchen kein elendes Dasein im Wäscheschrank zu führen. Wir zeigen Ihnen, wie mit Liebe und etwas Geduld ein feines Tafeltuch mit Stopfhohlsaum im A-Muster entstehen kann (siehe auch Abbildungen unten mit zwei Varianten des A-Musters).

Wir haben das gesamte Tuch zweimal längs und quer mit dem Stopfhohlsaum durchbrochen und darauf geachtet, dass die Muster gut auf dem Tisch liegen und genügend Platz für das Geschirr lassen. Umrandet haben wir die Decke mit einem einfachen Hohlsaum (siehe Skizze).

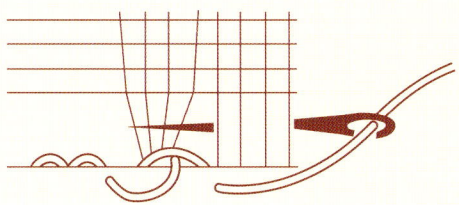

Schwälmer Stiche

KNÖTCHENSTICH: Mit dem einzeln gearbeiteten Knötchenstich kann man eine reizvolle Wirkung erzielen, denn er hebt sich von dem Leinenuntergrund ab. Er eignet sich auch zum Umranden von Plattstichen. In der Schwälmer Stickerei werden die Knötchen aneinander gereiht, so erhält man das Bild einer Perlenschnur.

KETTENSTICH: Der Kettenstich ist ein Schlingstich. In die erste Schlinge wird die zweite Schlinge hineingesetzt.

RÖSCHENSTICH: Beim Röschenstich kommt man aus dem Stoff, legt den Faden nach links, hält ihn mit dem Daumen fest und sticht mit der Nadel von oben und kommt unter dem gespannten Faden wieder heraus *(siehe Zeichnung Seite 82)*.

Schaumburg-Lipper Muster

Bei den Schaumburg-Lipper Mustern sind viele verschiedene Stiche verwendet worden:

STIELSTICH: Der Stielstich wird immer zum Nachzeichnen dünner Linien bei Stielen oder Blattumrandungen gestickt.

PLATTSTICH: Der Plattstich wird dicht an dicht gesetzt, um ein Blatt oder eine Blüte zu füllen. Bei sehr großen Blättern kann man auch
die Hälfte mit Plattstich füllen und das ganze Blatt mit Stielstich umranden.

FESTON- ODER LANGETTENSTICH: Um einige Blüten besonders zu betonen, haben wir sie im Langettenstich gestickt. Dabei sticht man von oben nach unten, hält das Fadenende mit dem linken Daumen fest und bildet eine Schlinge.

HEXENSTICH: Dieser Stich ist leicht und schnell gemacht. Er ist eine Variante des Kreuzstiches, bei der die gekreuzten Fäden quer, d. h. diagonal und im Winkel von 45 Grad zum Grundstoff laufen. Im Gegensatz zum Kreuzstich überkreuzen sich die Stiche jedoch nicht in der Mitte, sondern abwechselnd weiter oben oder weiter unten, sodass eine gitterähnliche Wirkung entsteht.

RECHTE SEITE: **Die Fotos zeigen eine Stickerei mit Schaumburg-Lipper Muster. Oben sind der Stielstich und der Plattstich zu sehen, unten rechts der Feston- oder Langettenstich, unten links der Stielstich.**

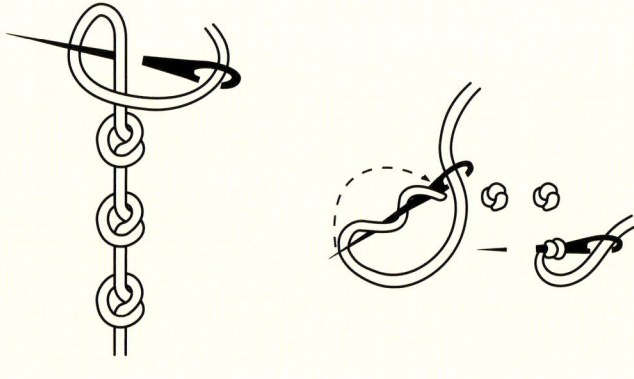

Knötchenstich   Knötchen als Füllstich

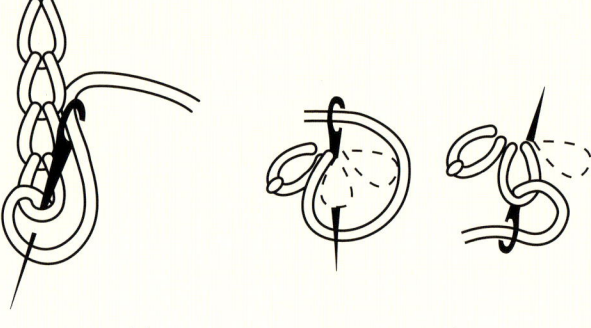

Kettenstich   Margeritenstich

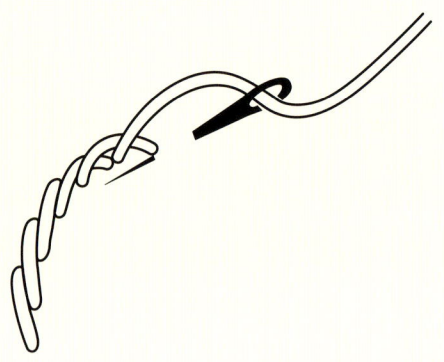

Stielstich

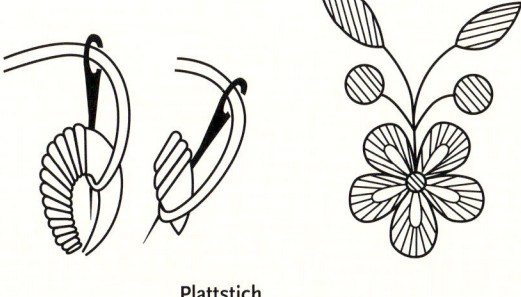

Plattstich

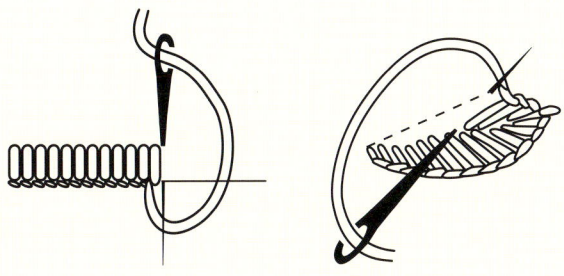

Feston- oder Langettenstich

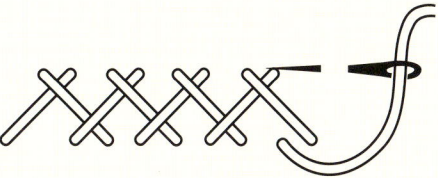

Hexenstich

Kreuz-, Loch- und Richelieustickerei

Kreuzstickerei: Die Kreuzstickerei ist so bekannt, dass wir sie an dieser Stelle vernachlässigen.

Lochstickerei: Die Lochstickerei ist eigentlich die Technik, die aus unserem bäuerlichen Umfeld hervorgegangen ist und auch hervorragend in handgewebten Leinen zur Geltung kommt *(siehe Skizze)*.

Richelieustickerei: Die Richelieustickerei ist eine Ausschnittstickerei, bei der die Ausschnitte mit gestickten Stegen verbunden werden. Der Ursprung dieser Stickerei liegt, wie der Name schon vermuten lässt, in Frankreich und wurde ursprünglich fast ausschließlich in vornehmen Adelshäuser gearbeitet.

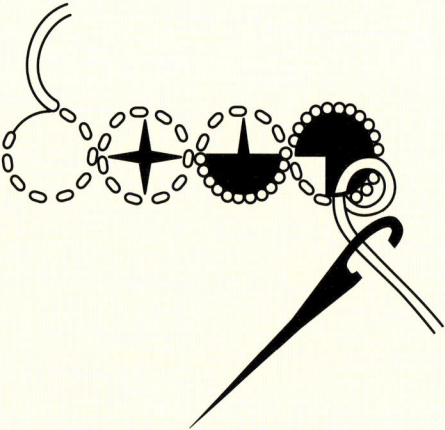

LOCHSTICKEREI/BINDELÖCHER. **Diese Grafik zeigt, wie eine Lochreihe in einem Arbeitsgang gstickt werden kann.**

Richelieustickerei: Der Steg verbindet die Ausschnitte mit gestickten Stegen. Der Stoff kann nach innen zum Muster und am Rand abgeschnitten werden.

RECHTE SEITE: MUSTERDECKE. **Sie sehen verschiedene Möglichkeiten, um ein Muster zu gestalten. Das Herz in der Mitte hat verschiedene Stichfüllungen um zu zeigen, wie vielgestaltig diese Stickerei ist.**

1 Neunerfeld
2 Wickelstich
3 Pölsterchen
4 Röserich

1

2

3

4

Decke mit Häkeldurchbrüchen und Spitzenrand

MATERIAL: Leinenreststücke ca. 40 x 40 cm, sodass vier Reststücke eine Gesamtgröße von 90 x 90 cm ergeben.

FERTIG STELLEN: Wir haben die vier Restleinenstücke mit Plattstich-motiven und Stäbchenhohlsaum bestickt. Dann sind die vier Teile mit Häkelspitze aneinander gebracht und auch damit umrandet worden.

ZEICHNUNG: **Blumenmotiv-Vorlage für die Stickerei der Decke mit Häkeldurchbrüchen und Spitzenrand**

DECKE MIT HÄKELDURCHBRÜCHEN UND SPITZENRAND. **Eine Zierde für jeden Holztisch ist diese aus Reststücken gefertigte Leinendecke mit Stickerei und Häkelspitze.**

GROSSE TAFELDECKE MIT KLÖPPELSPITZE.

Sie werden staunen, welche Möglichkeiten
Ihnen alte Dinge manchmal bieten, beispielsweise diese alten Leinengardinen mit Klöppel-
spitzendurchsatz.

Wir haben mehrere Gardinen mit breiten
Kappnähten zusammengenäht und auf die
erforderliche Größe (je nach Tischmaß)
geschnitten. Den Saum haben wir 2,5 cm
doppelt eingeschlagen und mit einem einfachen Hohlsaum befestigt. Jetzt ist aus
den Gardinen ein wunderschönes Tafeltuch
geworden.

Läufer und Decke mit Schaumburg-Lipper Hochzeitsmotiven

Einem glücklichen Zufall ist es zu verdanken, dass wir diese wunderschönen alten Muster auf einer großen Tafeldecke gefunden haben. Gleich haben wir sie für unsere Zwecke umgesetzt und einen Läufer entworfen.

Den Läufer haben wir auf altem Handtuchleinen gestickt, das uns rollenweise zur Verfügung stand. Die Maße für den Läufer sind 45 x 120 cm. Dieses Leinen hat eingewebte Streifen, die besonders wirkungsvoll sind.

Nach dem Zeichnen der Muster sind die Motive mit verschieden Stichen gestickt worden, z. B. Stielstich, Plattstich und Knötchenstich *(Details zu den Mustern siehe Seite 92/93)*. Man kann die Muster frei gestalten, wir geben immer nur eine Anregung. An den langen Seiten haben wir die Selfkanten gelassen, weil der Läufer sonst zu schmal geworden wäre. Wir haben rundherum auch über die Selfkante einen Landgettenstich gestickt über 5 x 4, 1 x 6, 1 x 8, 1 x 10, 1 x 8, 1 x 6 und wieder über 5 x 4 Fäden.

OBEN: LÄUFER MIT LIPPER HOCHZEITS- MOTIVEN. **Durch Zufall sind wir auf alte Schaumburg-Lipper Hochzeitsmotive gestoßen und haben sie auf einen Läufer nachgestickt.**

ZEICHNUNG: SCHAUMBURG-LIPPER HOCHZEITS- MOTIVE. **Die Zeichnung zeigt das Motiv für den Läufer bis zur Mitte. Sie können sie einfach spiegeln, um das komplette Motiv zu erhalten.**

Mitteldecke für die Schatztruhe: **Diese besonders schöne Decke ist aus handgewebten Leinen und ca. 110 x 110 groß.**

Das Schwälmer Motiv (Vorlage siehe oben) ist genau in der Mitte. Den Saum haben wir als Würfelstopfhohlsaum gearbeitet (siehe unten).

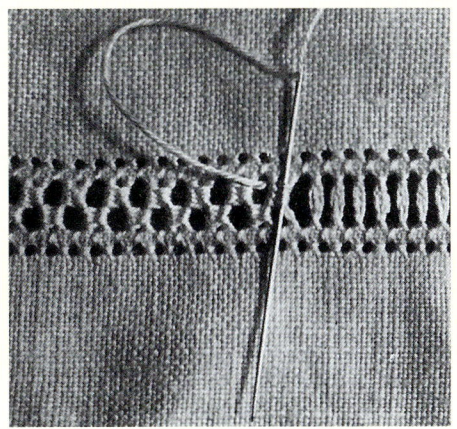

1

2

3

4

5

6

LÄUFER UND DECKE MIT SCHAUMBURG-LIPPER HOCHZEITSMOTIVEN.
Hier sehen Sie die einzelnen Motive des Schaumburg-Lipper Hoch-
zeitsläufers (siehe Seite 90):

1 Halbseitig ausgesticktes Blatt
2 Blüte im Langettenstich
3 Blätter im Stielstich
4 Blätter mit Hexenstichfüllung
5 Ranken im Stielstich
6 Blüte mit Plattstichblättchen
7 Randbefestigung des Läufers

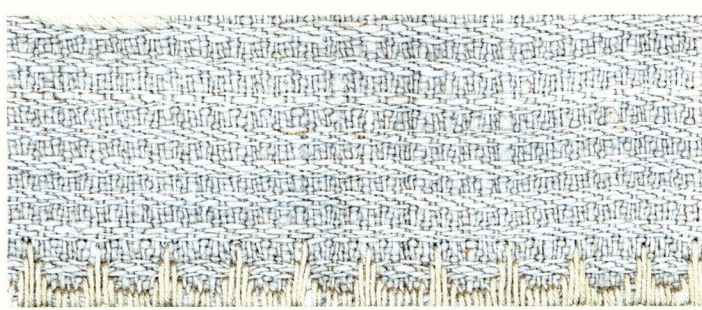

7

Kariertes Kissen mit Schwälmer Stickerei

Material: 45 x 110 cm kariertes Leinen mit 13–16 Fäden/cm

Anfertigen: Sie zeichnen in die Mitte dieses Stoffstreifens ein Schwälmer Motiv *(siehe Seite 80)*. Nach dem Sticken von links bügeln und ein Kissen mit Hotel-/Kofferverschluss nähen *(siehe Seite 54)*. Nach dem Nähen steppen Sie von rechts eine Schaube ab.

Kariertes Kissen mit Schwälmer Stickerei.
Auch karierter Stoff eignet sich zum Besticken.

Kissen mit Schwälmer Stickerei. **Dieses Kissen ist aus altem Handtuchleinen gearbeitet und mit einem Reißverschluss versehen**

Das Leinen ist 55 cm breit und Sie brauchen 90 cm Länge. In die Mitte haben wir ein Schwälmer Motiv gezeichnet. Es ist ein etwas aufwändigeres Motiv mit drei Tulpen und sechs Herzen. Nach dem Sticken haben wir das Kissen zusammengenäht und einen Reißverschluss eingenäht. Die Seiten haben wir nur abgesteppt, um keinen Stoff abschneiden zu müssen.

Alte Fenster und Türen

Alte Fenster und Türen

Fenster

Alte Fenster, egal ob aus Metall oder Holz, lassen sich wunderbar dekorieren. Wenn – und das gilt sowohl für Holz- als auch für Eisenfenster – Farbschichten entfernt werden müssen, dann hilft nur, sie abzubeizen *(siehe Seite 16)*.

Manchmal ist es auch schick, die Patina zu erhalten und die Fenster nur zu säubern und mit feinstem Sandpapier etwas zu schmirgeln.

 Alte zweigeteilte Stallfenster sollte man nicht entsorgen, sondern das intakte Glas als Regalboden verwenden.

BLUMENSPALIER. **Alte Fenster als Blumenspalier und Rankhilfe sind praktisch und schick. Metallfenster im »Edelrost-Look« sind natürlich beständiger als Holzfenster, die gut imprägniert werden müssen. Das Nachstreichen im berankten Zustand ist jedoch nicht immer einfach. Auf der Terrasse sehen Holzfenster aber prima aus.**

SPIEGELFENSTER. **Die Spiegelfenster-Varianten sind sehr bekannt, trotzdem wollen wir Ihnen einige Modelle nicht vorenthalten: Auf dem schwarzen Gussfenster spiegelt sich der Garten, man schaut nicht in ihn hinein. Das Spiegelfenster ist an einer Remisenwand angebracht – der Effekt ist enorm.**

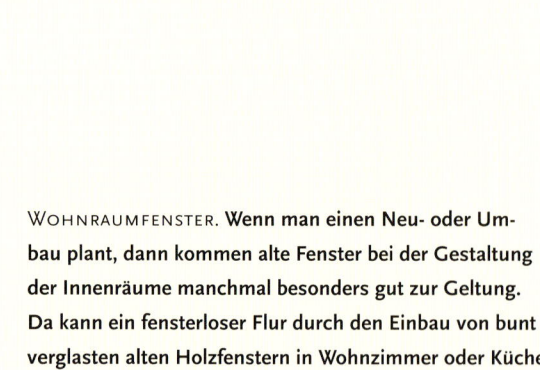

WOHNRAUMFENSTER. Wenn man einen Neu- oder Umbau plant, dann kommen alte Fenster bei der Gestaltung der Innenräume manchmal besonders gut zur Geltung. Da kann ein fensterloser Flur durch den Einbau von bunt verglasten alten Holzfenstern in Wohnzimmer oder Küche »Lichtblicke« erhalten und die Räume bekommen sofort ein außergewöhnliches Flair.

Manchmal bietet es sich an, ein Objekt wie zum Beispiel einen Ofen mit einem Fenster zu kombinieren. Auch eine Zimmertür kann rechts und links von zwei alten Fenstern gerahmt werden.

FLORISTISCHES STALLFENSTER. **Wie bei vielen alten Schätzen vom Dachboden, so lässt sich auch ein Stallfenster floristisch sehr gut aufpeppen. Wir haben die teilweise kaputten Scheiben komplett herausgeschlagen und die Farbe entfernt. Den Rost haben wir gelassen und uns für eine herbstliche Dekoration entschieden.**

LINKE SEITE: KLEINE STILLLEBEN HINTER GLAS. **Kleinere Fenster kann man gut mt Dekorationen unter Glas bestücken, z. B. mit alten Schlüsseln, mit Trocken-Arrangements oder auch mit Fotos. So entstehen richtige kleine Schaukästen.**

Dazu wird eine Fensterseite mit einer Presspappe als Rückseite versehen. Sie kann festgeklebt, genagelt oder auch mit kleinen Leisten befestigt werden. Da das Fensterglas ja nicht direkt auf der Rückseite aufliegt, können Sie auch dickere Gegenstände rahmen. Das heißt aber auch, dass Fotos und Bilder auf die Rückseite geklebt werden müssen, sonst rutschen sie hin und her.

Türen

Alte Türen kann man so verändern, dass der ursprüngliche Zweck nicht mehr erkennbar ist. Wie bei den Fenstern gilt auch hier: Wenn Farbschichten herunter müssen, dann hilft nur das Abbeizen *(siehe Seite 16)*. Ansonsten schleifen und neu streichen.

Eine massive Tür, auf zwei Amphoren gelegt, kann ein wunderbar rustikaler Gartentisch werden. Die Kassetten lassen sich unter Umständen vorher mit Glas auskleiden.

RIESENSPIEGEL. In großen Räumen kann eine alte Tür einen tollen riesengroßen Spiegel abgeben. Auch hier lassen sich Verzierungen je nach Geschmack anbringen. Die heutigen Kleber erlauben es, sogar alles zu kleben statt zu leimen, das spart die Schraubzwingen. Die Spiegel werden geklebt, die Leisten und die Zierornamente ebenso. Die Haken haben wir geschraubt, falls jemand wirklich etwas aufhängen möchte.

LINKS: TÜRGARDEROBE. Geradezu klassisch ist die Verwandlung einer Tür in eine Garderobe. Mit einigen Profilleisten und Ablagemöglichkeiten, mit Spiegel und Schubfach wird aus einer Tür eine rustikale Landhausgarderobe.

RAUMVERTÄFELUNG. **Hat man gleich ein ganzes Sortiment alter Türen zur Verfügung, kann man seine Wohnräume in Wohnträume verwandeln. Als Vertäfelung sind die Kassettentüren große Klasse und eine wirklich günstige Alternative zu Tischlerarbeiten. Abgebeizt oder gestrichen – je nach Einrichtung – geben sie den Räumen eine behagliche Atmosphäre. Zu bedenken ist aber, dass das Größenverhältnis der Tür zur Raumhöhe stimmen muss. Bei alten Villen mit über drei Meter hohen Räumen, kann man die Türen in ihrer ganzen Höhe einbauen und ein Sims darüber laufen lassen.**

Bei niedrigeren Decken müssen die Türen entsprechend gekürzt werden, was sich nicht immer so einfach gestaltet, weil die Kassetteneinteilung dann nicht voll zu Geltung kommt. So kann es sein, dass eine Tür nicht einfach unten abgeschnitten, sondern in der Mitte eine Teilbreite herausgenommen werden muss.

HAUSTÜR MIT OBERLICHT. **Wie man sogar eine Remise um eine Tür gestaltet, zeigt das Foto einer alten Haustür aus Dresden. Weil das Gebäude aber nicht so groß gebaut werden konnte, wie die ursprüngliche Tür es erfordert hätte, wurde das Türoberlicht als Giebelfenster verwendet.**

Alte Gläser, Töpfe und Porzellan

Alte Gläser, Töpfe und Porzellan

Diese alten Haushalts- und Vorrats-Utensilien lassen sich hervorragend zu Dekorationszwecken einsetzen. Viele Ideen sind schnell gemacht und man kann sie toll verschenken. Einzelne Porzellanteile können Sie hübsch mit Frühlingsblühern bepflanzen. Eine schöne Weihnachtsdekoration mit Kerzen in einer alten Suppentasse arrangiert, ist eine originelle Idee nicht nur für den Gästetisch. Altes Porzellan lässt sich auch gut kunterbunt mischen und auf einem Tisch, einer Kommode oder Anrichte mit anderen alten Sachen dekorieren.

Die Reinigung

Bei der Reinigung von alten Gläsern und Töpfen wird es manchmal etwas schwierig. Meistens sind sie nicht nur von dickem Staub umhüllt, sondern zeigen starke Gebrauchsspuren von eingebranntem Fett, Zucker oder Kratzern. Einige Spuren lassen sich wie immer nicht beseitigen und zeigen eben einfach auch das Alter an. Schmutz jedoch kann man in den meisten Fällen beseitigen, jedenfalls ist es bei unseren Gläsern immer gelungen.

Alte Einmachgläser lassen sich sehr gut mit Essigessenz reinigen. In ganz harten Schmutzfällen kann man auch Ätznatron in größerer Verdünnung nehmen, das reinigt porentief, ist aber schwieriger in der Anwendung. Es sollte im Haus bzw. in geschlossenen Räumen nicht eingesetzt werden, da beim Auflösen Dämpfe entstehen und die Lösung so ätzend ist, dass selbst kleine Spritzer Beschädigungen und Verfärbungen hervorrufen können – das ist auf jeden Fall sehr ärgerlich. Also mit Ätznatron nur im Freien und mit Schutzkleidung – also Handschuhen, Kombi, Mundschutz und Brille – arbeiten.

Alte Weinflaschen haben wir mit einer schwachen Lauge getränkt und intensiv nachgespült, weil unter dem Weidengeflecht eine Strohpolsterung steckt, die nicht schimmelig werden darf. Tote Mäuse und anderen Unrat mit schwacher Natronlauge ausspülen. Wer mag, kann zum Abschluss noch Spiritus zum Ausspülen des Flascheninneren nehmen. Die Weinflaschen, bei denen die Körbe entfernt werden mussten, haben wir mit Essigessenz gereinigt. Da die meisten Weinflaschen sehr groß sind, reichen normale Flaschenbürsten nicht bis auf den Boden der Flaschen. Um das Flascheninnere komplett zu reinigen, kann man entweder bei herkömmlichen Flaschenbürsten den Drahtstiel mit stabilem Draht verlängern oder man nimmt einen langen Kochlöffelstiel, umwickelt das Stielende mit einem Tuch samt Gummiband und lässt das Tuchende baumeln.

Altes Porzellan lässt sich gut kunterbunt mischen und auf einem Tisch, einer Kommode oder Anrichte mit anderen alten Sachen dekorieren.

WINDLICHTER IM BLÜTENTRAUM.
Ein ganz besonders behagliches Licht geben
Windlichter mit getrockneten Blüten ab.
Das Problem ist nur, dass die getrockneten
Blüten auch sehr leicht brennen. Wir haben
deshalb in ein Weckglas noch zusätzlich ein
leeres Honigglas gestellt und in den Zwischenraum der beiden Gläser die getrockneten Blüten
locker verteilt, damit das schwache Kerzenlicht
auch noch durchscheinen kann.

Einmach-, Gurken- und Senfgläser

Einmach-, Gurken- und Senfgläser lassen sich so vielfältig dekorieren, dass Ihnen bestimmt auch noch eine Menge dazu einfällt.

BEFÜLLEN

Man kann verschiedene Größen von Einmachgläsern ganz unterschiedlich befüllen: mit getrockneten Blüten, wie Hortensien oder Rosen, mit Nudelsorten aller Couleur, mit Kaffeebohnen, mit zweierlei Sorten Zucker, mit Muscheln, Zimt, Weizen, Raps, kleinen Weihnachtskugeln, Murmeln, Glas oder Dekosteinen. Es lassen sich Muster einfüllen, Streifen, ein bunter Mix und vieles mehr. In größeren Gläsern können Sie kleine Landschaften anlegen, eine Leiter mit einem Frosch oder ein Leuchtturm mit Boot, Wasser mit Schwimmkerzen.

BEPFLANZEN

Einmachgläser kann man nett mit Frühlingsblühern oder Küchenkräutern bepflanzen. Mit schwarzer Erde nur halb befüllen und dann wachsen lassen. Das sieht auf der Küchenfensterbank sehr dekorativ aus.

Die Einsatzmöglichkeiten für alte befüllte Gläser aller Art sind vielfältig.

BEFÜLLTE EINMACHGLÄSER.
Ob Nudeln, Kaffeebohnen oder Zucker, befüllte Gläser sehen immer dekorativ aus.

Gestalten Sie zum Beispiel eine kleine Landschaft mit den Souvenirs aus dem letzten Urlaub oder füllen Sie die Gläser mit getrockneten Blüten aus Ihrem Garten. Ganz schnell lassen sich so wundervolle Tischdekorationen herstellen.

LINKS: **Zwei Senfgläser sind kaum wiederzuerkennen:** Das erste ist mit Dekosand befüllt, dazu kommen Glas- deko aus dem Baumarkt samt Blumenkränzchen und Kerze, die in Dekosand Halt findet. Das zweite wurde als Windlicht mit Kränzchen am Glasfuß gestaltet.

UNTEN: **Weihnachtskugeln im Einmachglas machen** sich richtig gut.

Hier als Anregung eine hübsche
Tischdekoration, zum Beispiel für
Ihre Sommerparty: Einmachglas
und Senfglas im himbeerroten
Partnerlook.

BEKLEBEN

Alle Gläser lassen sich in tolle Windlichter verwandeln und mit den unterschiedlichsten Papieren – Bastpapier, Seidenpapier, Transparentpapier usw. – bekleben.

Der Effekt ist jedes Mal ein anderer. Einfach einen Klebestift nehmen, der lässt sich am besten verteilen und klebt gut, Papier zuschneiden und das Glas damit umkleben. Die Glaskanten lassen sich gut dekorieren und bei Einmachgläsern mit Dekodraht, Efeu oder anderen Rankensorten – je nach Jahreszeit – kaschieren.

FÄRBEN

Buntes Glas ist so aktuell wie nie. Wenn Sie Glas selbst färben möchte, hier ein Tipp: Mit Glühlampentauchlack geht es kinderleicht.

VORTEIL: Die Farbe trocknet sehr schnell, verteilt sich gut auf dem Glas und die Farben lassen sich untereinander mischen, sodass Sie alle Farbnuancen selbst bestimmen können. Ein bisschen Farbe ins Glas, mit dem Pinsel verteilen – fertig. Je weniger Farbe desto besser, weil die Farbe nicht intensiver wird, sondern nach unten ins Glas läuft. Man kann Ungleichmäßigkeiten mit Dekosand kaschieren, ansonsten kommt sowieso ein Teelicht darauf.

NACHTEIL: Die Farbe ist nicht lebensmittelecht und auch nicht reinigungsbeständig. Auf der anderen Seite konnten wir die Farbe einfach mit Wasser und Scheuerschwamm komplett wieder entfernen und anders einfärben. Ob das aber bei Kratzern oder grobporigem Glas auch funktioniert, haben wir noch nicht getestet.

Mit Glühlampentauchlack lassen sich Gläser bunt einfärben. Die Farbe ist allerdings weder lebensmittelecht noch reinigungsbeständig.

FOTOS UNTEN: BEKLEBTE GLÄSER. Interessante Farbstimmungen lassen sich auch durch das Bekleben von Gläsern mit Papier erreichen. Verwandeln Sie Ihre Gläser so in effektvolle Windlichter.

FOTO OBEN: GEFÄRBTES GLAS. **Mit gefärbten Gläsern**
lassen sich wundervolle Lichtstimmungen erzeugen.
Und das Färben von Gläsern ist mit Glühlampentauchlack kinderleicht.

MIT STOFF UMMANTELN

Man kann wunderschöne Windlichter zaubern, indem man durchsichtigen Stoff wie Organza darum herumdrapiert. Man kann fertige Säcke kaufen, man kann welche nähen, man kann den Stoff kleben, man kann ihn mit Dekodraht umwickeln – auch hier sind der Fantasie keine Grenzen gesetzt.

MIT BESTICKTEM LEINEN

Sie messen dazu den Umfang des Weckglases und nehmen ein Stück Leinen in gleicher Höhe und Breite und geben 3 cm zu. Dann beginnen Sie zu sticken: Für 8–10-fädiges Leinen eignen sich Hardangermotive besonders gut, weil sie das Licht besser durchscheinen lassen. Die Motive wählen Sie nach der Jahreszeit.

Als Abschluss für oben und unten sticken Sie eine Randbefestigung mit Langettenstich, schneiden den restlichen Stoff ab und kleben die Schmalseiten mit Textilkleber zusammen. Den Hardangerbezug über das Weckglas stülpen und mit einer Kordel unter dem Glashals zusammenbinden.

OBEN: **Engelshaar ist das Geheimnis dieses weihnachtlichen Glases. Ein Honigglas wird in das Einmachglas gestellt. Der Zwischenraum wird mit Engelshaar ausgekleidet und der Glasrand kaschiert. Teelicht rein, fertig!**

LINKS: GLÄSER MIT LEINEN UMMANTELT.
Wir haben das Leinen mit Hardangermotiven bestickt und einen Langettenrand überstehen lassen. Mit einer Kordel unter dem Glashals zusammenbinden.

MIT STOFF UMMANTELTE GLÄSER. **Auch die mit Stoff ummantelten Gläser ergeben originelle Windlichter. Besonders durchsichtige und halbtransparente Stoffe eignen sich gut. Fertige Säckchen aus Organza machen die Dekoration noch leichter.**

Weinflaschen

Die ganz alten Weinflaschen im Korbgeflecht kann man einfach ohne viel Drumherum dekorativ hinstellen. Die Weinflaschen ohne Geflecht schimmern in der Sonne sehr schön, weil sich das Licht in dem grünlichen Glas bricht, es empfiehlt sich deshalb ein dekorativer Sonnenplatz.

Wer mag, kann diesen Effekt auch künstlich erzielen und eine kleine 10er oder 20er Lichterkette in die Flasche legen, darüber etwas künstliches Efeu oder Seidenblumenähnliches – fertig! Die Flasche liegend so dekorieren, dass das Kabel nicht sofort auffällt.

WEINFLASCHE. **Die kleine Lichterkette in der liegend drapierten Flasche, die mit künstlichem Efeu bestückt wurde, erzeugt eine geheimnisvolle Wirkung.**

WEINFLASCHEN. **Alte Weinflaschen wie diese entfalten ihre Wirkung ganz von allein. Wir empfehlen einen Platz in der Sonne.**

Tontöpfe

Tontöpfe lassen sich hervorragend bepflanzen oder als Vase verwenden, das wollen wir hier zwar erwähnen, ist aber nicht neu.

Kleinere Tontöpfe, auch Salzbrandtöpfe, Gurken- oder Sauerkrauttöpfe genannt, kann man gut als Sammeltöpfe für allerlei Utensilien verwenden: In der Küche steht so ein Tontopf gut am Herd für Kochutensilien aller Art: Schneebesen, Stampfer, Teichschaber, Siebe... Im Garten auf einer rustikalen Bank kann man dort gut Heckenschere, Messer, Gartenhandschuhe oder Fallen verstauen.

Größere Tontöpfe, die fast 50 oder 60 cm hoch sind, kann man ausgezeichnet in kleine runde Beistelltische verwandeln. Eine runde Holzplatte drauflegen, eine bodenlange Decke darüber – fertig. Manchmal ist auch ein großer Teller auf dem Tontopf dekorativ. Vor dem Befüllen des Tellers mit Obst, Weihnachtsdekoration oder Ähnlichem kann man noch eine passende Decke, ein altes kariertes Kopfkissen oder einfach nur ein Stück Leinen hineinlegen.

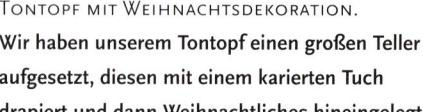

TONTOPF MIT WEIHNACHTSDEKORATION.
Wir haben unserem Tontopf einen großen Teller aufgesetzt, diesen mit einem karierten Tuch drapiert und dann Weihnachtliches hineingelegt.

Alte Sandsteine und Dachpfannen

Alte Sandsteine und Dachpfannen

Auf vielen Bauernhöfen, in alten Heuerhäusern oder an Hofstellen finden sich in einer wild bewucherten Ecke noch alte Sandsteine, Dachpfannen, Tonrohre oder, wenn man Glück hat, auch Sandsteintröge.

Bei der Gartengestaltung lassen sich alte Steine, Findlinge und Dachpfannen prima einflechten. Man kann Beeteinfassungen, Hochbeete, Wege, Terrassen und vor allem Themenbeete einzigartig gestalten. Und weil kein Stein wie der andere ist, fällt die Gestaltung immer unterschiedlich aus. Wir haben für Sie an dieser Stelle einfach nur Anregungen in Form von Bildern zusammengestellt. Die Umsetzung ist manchmal nicht so einfach, weil die Sandsteine sehr schwer sind, daher sind in jedem Fall Männerhände in größerer Zahl erforderlich, wenn nicht sogar schwereres Gerät, wie Trecker mit Frontlader, Bobcat, Gabelstabler, Ketten, Brechstangen usw., um die Sandsteinbrocken zu transportieren oder zu heben. Anleitungen dazu lassen sich schwerlich zu Papier bringen, deshalb wollen wir auf weitere Tipps an dieser Stelle verzichten.

TERRASSENPFLASTER. **Den Untergrund wie beim Pflastern vorbereiten: Zuerst auskoffern, also die lose Erde etwa 40 cm ausheben, dann mit Mineralgemisch (beim Steinbruch) auffüllen und mit der Rüttelplatte abrütteln. Mit der Wasserwaage ausnivellieren und Führungsschienen in das Mineralgemisch in Gefällerichtung legen. Erst dann wird eine etwa 5 cm dicke Splittschicht aufgefüllt, die über die Führungsschienen mit einem langen Richtscheit abgezogen wird.**

Auf den abgezogenen Split zuerst die alten Sandsteinplatten verteilen. Wir haben sie symmetrisch verteilt, aber hier sind Geschmack und Kreativität gefragt. Bei der Gestaltung sollten aber die Lage, die vorhandenen Gebäude und auch der Garten berücksichtigt werden.

Um die alten Sandsteinplatten herum werden dann die Sandsteinpflastersteine kreisförmig verlegt. Es lassen sich aber auch rote Pflastersteine damit kombinieren, die nicht kreisförmig, sondern normal verlegt werden.

SANDSTEINFENSTER. **In einem niedrig bepflanztem Beet werden drei oder vier gleich starke Steine zu einem imaginären Fenster aufgeschichtet.**

SANDSTEINMAUER. **Eine gerade oder halbrunde Linie vor-zeichnen und eine Grundmauer etwa 80 cm tief und in der geplanten Steinbreite ausheben, verschalen (mit Holz-platten/-brettern auskleiden) und mit Beton (Zement und Kies im Verhältnis 1:3 mit Wasser vermischen) ausgießen. Bei gewachsenem Boden kann unter Umständen auf das Verschalen verzichtet und der Beton direkt in den Boden gegossen werden. Auf der Grundmauer werden die Sand-steine normal in einem Kalk-Zementgemisch (ein Drittel Zement und zwei Drittel Ilsefit, wieder 1:3 mit Sand anrühren) vermauert. Eingelassene Fenster, Tore oder Rohre für eine Wasserquelle lockern das Ganze roman-tisch auf. Die Steine können so mit Mauervorsprüngen, großen oder kleinen Fugen – wie es gerade passt – unregelmäßig vermauert werden.**

Beim Bepflanzen wird es dann erst richtig kreativ, wenn sich noch Steingewächse, Tonkrüge und andere Gartenaccessoires integrieren lassen.

TROG. Ein schöne Idee ist es, aus vier einigermaßen gleichförmigen Sand-
steinplatten einen Trog zu konzipieren. So kann man Tröge in fast beliebigen
Maßen anfertigen. Die vier Platten werden innen von einigen angebohrten
Winkeln zusammengehalten.

Wenn man den Trog geschickt mit Hängepflanzen in den Ecken bepflanzt,
kann man nicht mehr erkennen, dass es sich lediglich um Sandsteinplatten
handelt und nicht um einen behauenen Trog.

SPRINGBRUNNEN. **Die Idee ist äußerst naheliegend: In einen alten Brunnenring kann man wunderschön einen Springbrunnen einbauen. Die Pumpe wird mit Kieselsteinen verdeckt, so ist schnell und leicht ein schönes Wasserspiel im Garten geschaffen.**

SANDSTEINTISCH MIT ZWIEBELN. **Urig passt sich ein wuchtiger Sandsteintisch in die Gartengestaltung ein. Auf zwei kleinere Sandsteine setzt man einen dicken gleichmäßigen Sandsteinquader, z. B. aus einer Grundsteinmauer. Ein altes Tonrohr oder andere Terrakotta-Accessoires kann man zu einem schönen Stillleben arrangieren. Ganz praktisch eignet sich so ein massiver Sandsteintisch auch zum Trocknen von Zwiebeln, Ablegen von Gartengeräten ...**

WASSERFALL. Ein anderes romantisches Wasserspiel lässt sich mit einigen Sandsteintrögen arrangieren. Die Tröge werden aus verschiedenen Höhen verschachtelt angelegt, so wie es das Gelände erlaubt. Das Wasser läuft dann von einem Trog in den nächsten. Es kann überlaufen, wenn man eine Trogwand etwas abmeißelt, oft aber finden sich auch auseinander gebrochene Tröge, die man dafür sehr gut verwenden kann.

Man kann eine alte Handpumpe als Wasserzulauf verwenden oder einfach einen Gartenschlauch. Eine kleine elektrische Wasserpumpe im letzten Trog pumpt das Wasser dann zurück. Ein paar Wasserpflanzen, Kieselsteine und Goldfische runden können das romantische Wassergefälle abrunden.

VOGELTRÄNKE. **Wenn man ein niedriges Sand-
steinbecken ausfindig machen kann, ist das
ganz fix zu einer wunderschönen Vogeltränke
umfunktioniert: ein schöner ungestörter Stand-
ort, ein paar Kieselsteine, vielleicht etwas
Bepflanzung oder eine Figur, jeder hat da so
seinen eigenen Geschmack.**

SANDSTEINSÄULE. **Kleine Sandsteinsäulen
mit oder ohne Platte lockern einen Garten auf,
machen ihn interessant und werden zum Hingucker, wenn noch Stillleben darauf arrangiert
werden.**

TONROHRE UND TONTÖPFE. **Alte Tonrohre lassen sich schön bepflanzen und in Beeten oder auf Sandsteinen arrangieren – probieren Sie es einfach selbst aus. Tontöpfe kann man prima auf einen Stab stecken und abwechselnd in verschiedene Richtungen schauen lassen. An der Terrasse kann man sie mit Steingewächsen oder Kräutern bepflanzen, sie sehen aber auch unbepflanzt witzig aus.**

Dachpfannen

BEPFLANZEN

Dachpfannen als Begrüßungsschild mit der Serviettentechnik beklebt,
war der Hit in den vergangenen Jahren. Etwas langlebiger ist die Idee,
die Dachpfannen mit Steingartenpflanzen zu bepflanzen. Sie sind robust und gegen Trockenheit gefeit und es gibt so viele unterschiedliche
Arten, dass man ein ganzes Beet damit anlegen könnte. In jedem Fall
sind solche Dachpfannen ein Hingucker in jedem Garten oder am Eingang und machen wenig Mühe.

WINDLICHT

Windlichter haben – sowohl im Garten, als auch im Wohnbereich und
besonders auf Partys aller Art – Hochkonjunktur. Wenn Sie zwei Löcher
nebeneinander in eine Tonpfanne bohren, einen Kupferdraht durchzie-
hen und in die Drahtschlaufe einen Tontopf oder auch ein Marmeladen-
glas stecken, haben Sie in Windeseile ein rustikales Windlicht gezau-
bert. Hat es als Windlicht ausgedient, können Sie eine Efeuranke ein-
pflanzen, das macht sich auch richtig gut.

WINDLICHT. **Schnell gemacht ist dieses rustikale Windlicht.
So etwas können Sie durchaus auch an Freunde verschenken – kommt bestimmt gut an.**

BEPFLANZTE DACHPFANNEN. **Zum Bepflanzen eignen** sich robuste und anspruchslose Steingartenpflanzen. Es gibt sie in sehr vielen, unterschiedlichen Arten. Die bewachsenen Dachpfannen sind ein echter Hingucker in jedem Garten oder am Eingang und machen wenig Mühe.

Halogenleuchte

Etwas aufwändiger, dafür aber umso attraktiver ist eine Halogenleuchte hinter einer Firstpfanne versteckt. Die Wandleuchten machen ein ausgesprochen schönes Licht und sind hell und heimelig zugleich. Aus zusammengeklebten Firstpfannen oder auch einem Tonrohr kann man noch eine passende Deckenleuchte basteln.

Der Elektrofachmann stellt Ihnen die Utensilien für eine Halogenlampe sicher gerne zusammen. Sie brauchen einen Transformator und eine Einbauleuchte (gibt's auch schon fertig als Set im Baumarkt), sofern Sie in den Niedervoltbereich möchten. Wenn Sie bei 220 Volt bleiben, können Sie mit normalen Leuchtenfassungen direkt ans Stromnetz gehen.

Die Tonpfannenbefestigung an der Wand haben wir so gelöst, dass wir mit Schrauben an jeder Seite eine Winkel angebracht haben. Die Elektrik haben wir auf die Pfanne geklebt, weil der Raum trocken ist und keine Feuchtigkeit eindringen kann. Ansonsten muss das Ganze noch gut geschützt und feuchtigkeitsbeständig »eingepackt« werden.

Die Deckenleuchten hängen an dünnen Drahtseilen. Wir haben immer drei Firstpfannen mit Powerkleber aus dem Baumarkt zusammengeklebt. Wem das zu riskant ist, der kann die Tonpfannen auch zusammenschrauben, schließlich sind an den Wandleuchten auch verzinkte Winkel sichtbar.

HALOGENLEUCHTE. **Die Wandleuchten aus alten Dachpfannen mit Halogen machen ein ausgesprochen schönes Licht, sie sind hell und heimelig zugleich.**

Alte Zäune, Pumpen, Kannen und sonstiges Eisen

Alte Zäune, Pumpen, Kannen und sonstiges Eisen

Altes Eisen findet man oft unbeachtet im hinterletzten Winkel der Werkstatt. Es ist häufig rostig und verstaubt und man ist meistens geneigt, es mit dem Alteisen zu entsorgen. Wir haben uns aber über so manch entsorgtes Teil geärgert, hätte es doch gut noch ein Plätzchen im Garten oder auch im Haus finden können und wäre garantiert ein Unikat gewesen.

Alte Schaufeln kann man zu dekorativen Leuchten umfunktionieren, die im Garten unter einem Baum ein faszinierenden Licht abgeben. Alte Zäune können Sie natürlich neu streichen und wieder als Zaun verwenden, Sie können aber eben auch in der Küche Ihre Utensilien daranhängen. Lassen Sie sich inspirieren, auch aus Alteisen etwas Neues zu machen.

Auch altes Eisen kann man mit Natronlauge von alter Farbe befreien. Allerdings kann man bei Eisen auch gut »schweres Gerät« einsetzen: Flex oder Hochdruckreiniger, Hammer und grobes Werkzeug, da es nicht so empfindlich ist wie Holz. Vorsicht ist bei Gusseisen geboten: Das kann brechen.

Und noch eine Idee am Rande: In vielen Haushalten finden sich noch alte schwarze schmiedeeiserne Kerzenständer in verschiedenen Höhen. Wer keine Kerze mehr daraufstellen mag, kann einen Tontopf mit Loch daraufstellen und dekorieren.

RECHTS: RANKHILFE. Alte Kuhketten kann man ebenfalls prima als Rankhilfe für Kletterpflanzen nehmen. Wenn die rostigen Ketten zum Teil sichtbar bleiben, so hat das sogar was – oder?

UNTEN: Alter Stacheldraht ist eine ideale Rankhilfe für Efeu, da die Stacheln den Ranken guten Halt bieten. Außerdem lässt sich der Draht meist mühelos (mit Handschuhen) biegen und das Efeu so wunderbar trimmen.

Der Fantasie sind da keine Grenzen gesetzt. Es müssen nicht immer die klassischen Bögen sein – warum sollte man nicht einmal Herzen, Kugeln oder Tiere zaubern?

Die kleine Lehre des Schweißens

Es gibt zwei für die heimische Werkstatt gebräuchliche Verfahren: das herkömmliche Lichtbogenschweißen mit einem Schweißtransformator und Elektroden sowie das Schutzgasschweißen (eine besondere Art des Lichtbogenschweißens) mit Gas und Endlosdraht.

Wir wollen an dieser Stelle nicht die Vor- und Nachteile der beiden Techniken diskutieren, sondern die Grundlagen der Benutzung erklären, um Ihnen Mut zu machen, die Geräte selbst auszuprobieren. Wenn Sie beide Schweißverfahren zur Verfügung haben, ist das Schutzgasschweißen in der Anwendung einfacher zu handhaben.

Elektrodenschweißen (Lichtbogenschweißen)

Beim Lichtbogenschweißen wird die Schweißzone aufgeschmolzen, indem ein elektrischer Lichtbogen zwischen Werkstück und einer Schweißelektrode erzeugt wird. Dieser Lichtbogen erreicht eine Temperatur von ca. 4000 °C. Die Elektrode schmilzt gleichzeitig mit dem Werkstoff ab und wird als Zusatzstoff der Verbindungsstelle zugeführt. Zum Erzeugen des Lichtbogens wird der Schweißtransformator eingeschaltet. Es gibt Transformatoren mit Wechselstrom oder Schweißgleichrichter mit Gleichstrom, die teurer in der Anschaffung sind. Dafür lassen sich mit Wechselstrom-Schweißgeräten nicht alle Elektrodentypen verschweißen. Die Spannung reicht bis etwa 100 Volt, die Stromstärke von 40 bis 1000 Ampere.

Die einfache Klemme ist in der Regel der Pluspol (= Anode) und wird an das Werkstück bzw. an den Schraubstock, in dem das zu schweißende Objekt eingespannt ist, angebracht. Der Elektrodenhalter mit der eingespannten Elektrode ist dann der Minuspol (= Kathode). Beim Berühren des Werkstücks mit der Elektrode entsteht so ein geschlossener Stromkreis mit hohem Kurzschlussstrom und niedriger Spannung.

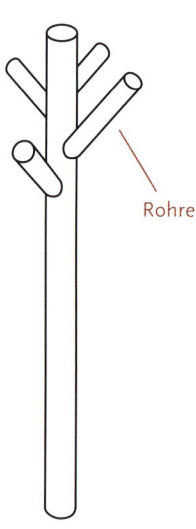

Rohre

GARDEROBE. **Alte Rohre lassen sich, richtig zusammengeschweißt, prima für eine witzige Garderobe verwenden.**

Spalier. Höchst preiswert ist ein Spalier aus alten Wasserleitungen. Die Rundung kann man biegen, wenn man das Rohr von der Mitte aus in den Schraubstock zwingt und dann alle 20 cm in beide Richtungen ein Stück weiter biegt. Das wird natürlich nicht 100 % symmetrisch; wenn das Rohr berankt ist, fällt das jedoch nicht mehr auf.

Hat man die Möglichkeit, das Rohr z. B. mit einem Gasbrenner zu erwärmen, dann sollte man es vorher mit Sand füllen und langsam in Form biegen. Als Formhilfe kann unter Umständen ein Fass, Tank oder Boiler dienen.

Hochbeet. Die Vorteile des Hochbeets sind bekannt: Man kann früher ernten und hat weniger Schädlinge. Eine einfache, praktische Idee ist es deshalb, ein Hochbeet in dem oberen Rand eines alten Futterbottichs anzulegen. Auch den Siloring eines kleinen Hochsilos könnte man dafür verwenden. Es bleibt Ihnen überlassen, den Bottich anzustreichen, zu bepflanzen, mit Maschendraht zu umwickeln oder Sand auf den frischen Anstrich zu streuen.

Nun beginnt das eigentliche Schweißen, das heißt das Verbinden von Eisenteilen mittels der Elektrode. Man berührt also zunächst das Werkstück, um den Stromkreis zu schließen, hebt aber dann die Elektrode wieder leicht vom Werkstück ab. Der Lichtbogen wird dadurch nicht unterbrochen, da jetzt aus der Elektrodenspitze Elektronen austreten, die die umgebende Luft elektrisch leitend machen, das nennt man »ionisieren« (deshalb kann man sogar über Kopf schweißen). Der Abstand zwischen Anode und Kathode, also zwischen Klemme und Elektrode, sollte möglichst immer gleich groß gehalten werden, da es sonst zu Unregelmäßigkeiten in der Schweißnaht bzw. zum Abriss des Lichtbogens kommt.

Die nebenstehende Zeichnung demonstriert die Schweißbewegung, die man mit der Elektrode über dem zu schweißenden Objekt ausführen sollte, damit keine buckelige und schmale, sondern eine haltbare gleichmäßige Schweißnaht entsteht.

Die Elektrode ist ein Stahldraht, umhüllt mit einem Schlackemantel. Dieser Schlackemantel vergast beim Schweißen und hält den Luftsauerstoff von der Schweißstelle fern. Dieser Sauerstoff könnte nämlich sonst zu Oxidation (Rosten) unter der Schweißnaht führen.

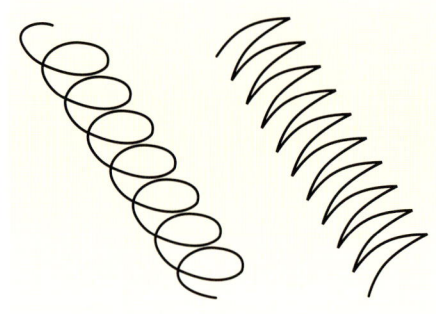

Schweißbewegungen

ARBEITSREGELN: Für eine saubere Schweißnaht sollte man folgende Arbeitsregeln beachten:

Sie müssen den richtigen Abstand zwischen Elektrode und Werkstücke einhalten, damit der Lichtbogen konstant gewährleistet ist.

Da mit Strom geschweißt wird, bauen sich magnetische Kraftfelder auf, die die Schweißung ungünstig beeinflussen können, weil sie den Lichtbogen ablenken. Das nennt man »Blaswirkung«. Sie tritt besonders an Kanten und Werkstoffverdickungen auf. Um dem vorzubeugen, muss man die Elektrode gegen die Blasrichtung neigen oder man schweißt mit Wechselstrom.

Außerdem ist die Schweißstromstärke wichtig! Als Grundregel gilt: 40 A pro mm Kerndrahtdurchmesser der Elektrode. Bei zu hoher Ampere-Zahl kann das zu schweißende Objekt unter Umständen durchbrennen. Bei zu niedriger Ampere-Zahl verbinden sich Werkstück und Elektrode nur unzureichend.

Elektrodendurchmesser von 1,5–2,0 mm sind für unsere Objekte empfehlenswert; sie sind dünn genug, um »elegant« zu schweißen, und dick genug, um nicht so schnell aufzubrennen.

ALTE ZÄUNE. **Alte Zäune** lassen sich sehr vielfältig einsetzen und verwenden.

Verrostet und ohne jede Aufarbeitung kann man sie in der Gartengestaltung integrieren. Mit Sandsteinen fixieren und etwas in die Erde drücken, mit Ranken bepflanzen und schon ergibt sich eine romantische Ecke.

ZINKBOTTICHE. **Sie** lassen sich wunderschön bepflanzen, und wenn man gleich mehrere zur Verfügung hat, lässt sich das Ganze auch sehr schön arrangieren.

Schutzgasschweißen

Physikalisch gesehen sind die oben beschriebenen Abläufe des Lichtbogenschweißens auch beim Schutzgasschweißen gültig. Also Anode an das Werkstück, die Kathode ist die Schweißpistole, aus der ein Endlosdraht herausgeschoben wird. Der Draht hat keinen Schlackemantel, weil eine Oxidation durch Luftsauerstoff von dem Schutzgas, das ebenfalls durch die Schweißpistole zugeführt wird, verhindert wird. Als Schutzgase dienen Argon, Helium oder auch Kohlenstoffdioxid und Gasmischungen.

Als Elektrodenschweißdrähte werden blanke Stahldrähte verwendet, die der Schweißstelle kontinuierlich zugeführt werden. Das Schweißen ist insofern leichter, weil gleichmäßige Schweißnähte ohne große Übung gelingen. Zudem ergibt sich durch die hohe Schweißgeschwindigkeit nur eine schmale Erwärmungszone, sodass sich das Werkstück nicht so leicht verzieht und es bildet sich außerdem keine Schlacke.

Auch hier sind die Einstellungen des Gerätes wichtig: Die Grundregel lautet auch hier 40 A pro mm Kerndrahtdurchmesser der Elektrode. Ist die Ampere-Zahl zu niedrig eingestellt, kleckert der Draht, ohne sich mit dem zu schweißenden Objekt zu verbinden. Ist die Ampere-Zahl zu hoch, verbrennt der Draht regelrecht und kann sich auch nicht mit dem Schweißobjekt verbinden.

Außerdem lässt sich die Geschwindigkeit des Drahtvorschubs einstellen, die aber mit der Ampere-Zahl abgestimmt werden muss. So kann man bei hoher Ampere-Zahl und dadurch schnell abbrennendem Draht den Drahtvorschub erhöhen oder eben die Ampere-Zahl verringern. Das gilt es auszuprobieren und mit steigender Schweißerfahrungen entwickelt man das richtige Gefühl für die Einstellungen.

Beim Schutzgasschweißen bietet sich für unsere Objekte ein 1 mm starker Stahldraht an.

HINWEIS: Rost ist übrigens beim Schweißen unerheblich und beeinflusst die Haltbarkeit nicht. Man muss aber darauf achten, dass das Rostteil richtig durchgeschweißt wird.

Salzsäure wirkt als Rostbeschleuniger, da bekommt altes Eisen in ein paar Tagen die sonst so lang ersehnte Patina!

OBEN UND RECHTE SEITE OBEN: PUMPE.
Eine alte Kupferpumpe lässt sich hervorragend auf der Terrasse oder in einem stillem Winkel im Garten aufstellen.

Wir haben die Pumpe mit Natronlauge von Farbresten befreit und dabei den Grünspan des Kupfers erhalten. Auch das Holzbrett wurde abgebeizt. Wer es mag, kann die Kupferteile aber auch polieren.

TERRASSENFEUERSCHALE. **Das Unterteil von einem alten Druck-kessel oder auch Wasserboiler kann man – wenn vorhanden – mit einem Trennschweißgerät oder – etwas mühsamer – mit der Flex vom zylindrischen Oberteil trennen und als Schale für ein behagliches und uriges Terrassenfeuer benutzen. Wer mag, kann sich noch einen stehenden oder hängenden Rost als Grillvorrichtung dazubauen.**

ACHTUNG: **Sind die Boiler verzinkt, muss man auf giftige Dämpfe achten, die bei hohen Temperaturen entstehen können. Dann ist das Grillen in jedem Fall tabu, weil das Bratgut sonst die Gesundheit beeinträchtigen könnte.**

Praktisches Küchenutensil

Die Idee, ein Stück Zaun oder auch ein altes Fenstergitter in der Küche aufzuhängen, um Kochutensilien Platz sparend und praktisch aufzuhängen, hat doch was – oder? Wir haben es gesehen und für gut befunden.

Zuerst wird ggf. die alte Farbe entfernt, man benutzt Natronlauge wie beim Abbeizen oder schleift sie mit der Flex ab. Beide Methoden sind gleich mühsam, weil das Gitter so viele Ecken und Kanten hat, an die man schwer herankommt. Mit Rostschutz vorstreichen und dann einen beliebigen Endanstrich wählen. Wer mag, kann das Gitter auch zum Feuerverzinken weggeben, idealerweise sollte es vorher gesandstrahlt sein, manche Firmen bieten aber auch das an.

Feuerverzinken ist eine teure Methode, die sich jedoch in bestimmten Fällen auszahlt, weil das Eisen durch mehrstufige Tauchbäder mit der abschließenden Zinkschmelze von 450 °C einen sehr guten Korrosionsschutz erhält.

Es gibt Aluspray und auch Zinkspray, die als Decklack verwendet werden können und eine Edelstahl- bzw. Zinkoptik erzielen.

KÜCHENUTENSIL. **Aus einem alten Metallzaun haben wir dieses Küchenutensil kreiert. Es ist nicht nur praktisch, sondern sieht auch noch gut aus.**

WASCHBOTTICH. **Eine einfache und äußerst effektvolle Bepflanzung bietet ein runder Waschbottich mit einem Buchsbaum und dem entsprechend großen Lianenkranz. Damit es gut wirkt, sollte der Kranz größer sein als der Bottich.**

Dekoleuchte

Eine alte Schaufel kann man zur Leuchte umfunktionieren. Am besten eignen sich die ganz alten Schaufeln, wo das Stielende noch nach vorne herausschaut. Aber auch wir konnten so ein altes Ding nicht mehr auftreiben und haben das noch heute üblicherweise verwendete Modell verwendet. Dazu haben wir in den Stil ein Loch eingeflext, damit der Lichtschein nach oben fallen und die Elektrik in der Stilführung verschwinden kann.

Wir haben uns für die Halogentechnik entschieden, das Ganze geht aber billiger und schnell mit der Birnen-Fassung-Technik. Beim Elektriker erhalten Sie das Zubehör wie Transformator, Birnchen und Kabel mit Schalter. Das Zusammenbauen geht recht fix, wenn Sie sich alles vom Elektriker zusammenstellen lassen. Wer unsicher ist, lässt auch das den Fachmann machen.

Damit sich das Licht noch schöner bricht, haben wir Panzerglas auf die Schaufel geklebt. Das Glas gibt es kostenlos beim Glaser im Abfall; wenn es zu große Scherben sind, kann man mit dem Hammer kleinere daraus machen. Den Glaskleber gibt es in jedem Baumarkt. Den Kleber nur ganz sparsam auftragen, sonst sieht man die Klebstoffpunkte auf den Scherben.

Die Anordnung der Scherben ist ein Geduldsspiel, schließlich sollen alle Teile möglichst gerade festgeklebt werden und trotzdem wie »aufgeladen« aussehen. Wer keine Flex hat, die Idee aber trotzdem gut findet, kann natürlich auch die Rückseite mit dickem Glas bekleben und die Schaufel als Wandleuchte einsetzen.

DEKOLEUCHTE. **Wir haben mit der Flex eine Öffnung in die Stielwölbung geschnitten, durch die das Licht strahlt.**

Für diese Dekoleuchte brauchen Sie außer den Leuchtmitteln eine alte Schaufel, Panzerglas, einen Hammer und einen Spezialkleber für Glas. Das Halogenset gibt es fertig im Baumarkt.

Das Panzerglas auf der Schaufel
sorgt für besonders schönes Licht,
das sich in den Scherben bricht.

Milchkannen

Milchkannen in allen Größen finden sich noch in sehr vielen Haushalten und lassen sich auch noch leicht beschaffen. Meistens werden sie bemalt und als Schirmständer verwendet, diese Idee wollten wir nicht mehr aufgreifen. Allerdings sind wir ideenmäßig noch auf einige andere Verwendungsmöglichkeiten gestoßen, die wir Ihnen gerne zeigen möchten.

FLORISTISCHE MILCHKANNE. **Die floristische Variante darf auch bei diesem ehemaligen Gebrauchsgegenstand nicht fehlen. Es bot sich an, saisonunabhängige Farben zu wählen. Wir haben uns für Weinrot und Altrosa entschieden und das Gesteck mit hängenden Pflanzenvarianten abgerundet. In die Kannenöffnung ist Steckmasse eingepasst, sodass das Gesteck leicht herauszunehmen und auszutauschen ist.**

MILCHKANNE ALS GARTENACCESSOIRE.
**Ein schöner Blickfang ist eine rostige Milch-
kanne im Garten, einfach zwischen die Stauden
gestellt. Dadurch bekommt jeder Garten eine
interessante Note.**

MILCHKANNE ALS BRIEFKASTEN. **Vielleicht die beste Idee ist, die Milchkanne als Briefkasten zu verwenden, das ist ein wirklich origineller Blickfang. Unsere Kanne liegt befestigt auf einer Gartentorsäule. In die Kannenunterseiten haben wir einen passend großen Schlitz geflext, da wird die Post hineingesteckt. Die runde Öffnung mit Deckel dient zur Entnahme von Zeitung und Post. Das ganze Arrangement ist mit Efeu berankt.**

MILCHKANNE ALS BANK. **Eine weitere Gartenidee ist die Milchkannenbank: Man nehme zwei rostige Milchkannen, binde den Deckel mit Messingdraht am Henkel fest und lege auf die Milchkannen ein schön geschwungenes Eichenbrett – fertig.**

Wir haben das Brett mit kleinen Klötzchen auf der Unterseite versehen, die in die Kannenöffnung eingepasst sind, so ruckelt das Brett nicht hin und her und man kann die Bank schneller umstellen, da der Milchkannenabstand damit »richtig eingestellt« ist.

Findlingshühner

MATERIAL: Findlinge (Durchmesser: 25–30 cm), Baustahlstangen, Rohrenden, Hufeisen, Muttern, Zahnräder

Für die originellen Findlingshühner muss zuerst ein passender Findling gesucht werden, der eiförmig sein sollte; das dicke Ende ist die Hühnerbrust, die Spitze für die Schwanzfedern.

Alle angegebenen Maße beziehen sich auf die oben angegebene Findlingsgröße, wenn also der Findling wesentlich größer ist – auch das haben wir schon ausprobiert –, dann müssen die Materialien entsprechend stärker sein, damit die Proportionen stimmen.

HALS UND KOPF sind aus einem Rohr mit etwa 4–5 cm Durchmesser und einer Länge von 26 cm. Das Rohr wird je nach Kopfhaltung 2- bis 3-mal mit der Flex eingekerbt und entsprechend gebogen. An das Halsende ein 5 cm langes Stück Baustahlstange anschweißen.

Für den Schnabel wird zuerst das Rohr waagerecht 5 cm tief eingekerbt und dann werden jeweils von oben keilförmig (schnabelförmig) die Seiten abgeflext. Mit einer Zange kann man nun den Schnabel noch öffnen und je nach Gesichtsausdruck biegen. Zum Schluss das Baustahlende des Halses in dem passenden Bohrloch des Findlings mit Silikon befestigen.

Alte Zahnräder werden zum Hahnenkamm, alte Muttern zu Augen, Rohre zu Hälsen und Hufeisen zu Schwanzfedern.

1

2

3

4

HERSTELLUNG FINDLINGSHÜHNER.

1 An den Hühnerfuß wird ein Stück Baustahlstange angeschweißt, das dann in das Bohrloch des Findling geklebt wird.

2 Als Augen werden alte Muttern aufgeschweißt.

3 Aus alten Zahnrädern werden Teilstücke geflext und als Hahnenkamm angeschweißt.

4 In den Findling werden Löcher gebohrt, in denen Schwanzfedern, Hals und Füße befestigt werden.

Die SCHWANZFERDERN werden aus alten Hufeisen gefertigt, die halbiert sind. Drei bis fünf dieser Hufeisenhälften werden mit einem 5 cm langen Baustahlstangenstück zusammengeschweißt und dieses wird dann im Bohrloch des Findlings mit Silikon festgeklebt.

ACHTUNG: Schwanz und Hals müssen in einem ausgewogenen Gewichtsverhältnis stehen, sonst kippt das Huhn.

 Wenn man die Findlingshühner in den Garten stellt, kann man zusätzliche Eisenenden an die Füße schweißen, damit man sie in die Erde stecken kann.

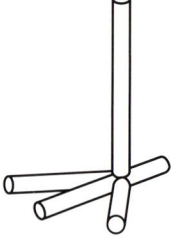

Die BEINE und die FÜSSE werden aus Baustahlstangen geschweißt. Die Beine sind ca. 16 cm lang, die Füße 11 cm, es entstehen drei Zehen von jeweils 7 cm, eine steht 4 cm nach hinten über, damit das Huhn nicht umkippt *(siehe auch Zeichnung und Fotos unten)*.

Auch die Beine werden in den Bohrlöchern mit Silikon festgeklebt. Die Neigung und der Abstand der Bohrlöcher erfordert etwas Fingerspitzengefühl, damit das Huhn auch steht. Beim ersten Huhn dauert es vielleicht etwas länger, bis man »den Bogen raushat«, aber mit jedem Huhn wird man routinierter.

FINDLINGSHÜHNER. **Aus Findlingen, Baustahlstangen, Rohrenden, Hufeisen, Muttern, Zahnrädern usw. werden Findlingshühner, die jeden Garten zieren.**

Landwirtschaftsverlag GmbH, 48084 Münster

© Landwirtschaftsverlag GmbH, Münster-Hiltrup, 2003

Gesamtherstellung: LV Druck im Landwirtschaftsverlag GmbH
Gestaltung: Designbüro Arndt + Seelig, Bielefeld
Lektorat: Dorothea Raspe, Münster
Fotos: Detlef Güthenke, Gütersloh; Annette Fischer, Schlangen

Gedruckt auf chlorfrei gebleichtem Papier

Printed in Germany

ISBN 3-7843-3222-6